JN409155

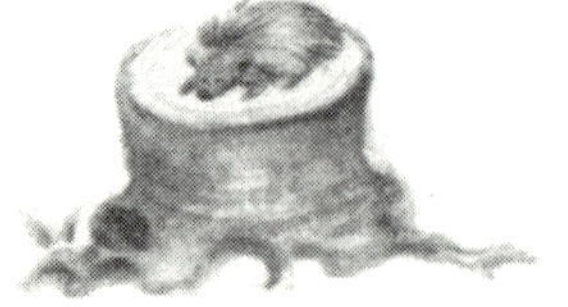

# 내 안에 숨겨진 바다

안 영 수필집

# 책머리에

옛말에 미친 사람이 호랑이를 잡는다고 했습니다. 맨정신으로 어떻게 호랑이를 잡는다고 장담하겠어요? 그런데 제가 겁도 없이 호랑이 잡는 일을 시작했습니다. 살다보니 눅눅해진 가슴을 열어 영혼의 속살까지 태울 것 같은 뜨거운 세상에 내놓아 말리고 싶어서였습니다.

글이 뭔지도 모르던 시절, 글 쓰는 사람이 되려고 해서가 아니라 몸이 아파 어쩔 수 없이 글을 써서 위로를 받아야 했던 암흑기가 있었습니다. 그게 글 쓰게 된 동기입니다.

〈전북도민일보〉의 '살며 생각하며' 란에 6년 동안 게재했던 글들을 모아 빈 항아리에 담아놓고 오늘을 기다렸습니다. 이 빠진 그릇처럼 버릴 수도 없는 그런 글들을 분신처럼 소중하게 저장해놓고, 최근에 쓴 생활 수필 몇 편을 보태어 한 권의 책으로 엮어보려 합니다. 양파껍질 벗기듯 한 껍질씩 벗겨지는 저의 졸작들은 마치 잎이 무성한 나무들이 서둘러

잎을 떨쳐버린 그 휑한 오솔길처럼 속이 다 보이는 글들입니다. 세상에 내놓으려 하니 부끄럽습니다.

제가 수필로 등단할 때 중학생이었던 쌍둥이 아들은 어느새 한 가정을 이루었습니다. 그처럼 많은 시간이 흐른 동안 직장과 가족들 사이에서 열심히 살다보니 늦은 감이 없지 않습니다만 그래도 늦깎이의 수필집을 선보이려 하니 잠이 오질 않습니다.

가을과 겨울이 공존하는 바람을 타고 갑자기 찾아온 사랑을 알지도 못한 채 저는 지금 호기심과 불안한 심리로 저 자신으로부터의 탈출을 위해 떨고 있습니다. 제대로 다듬어지지 않았지만 이 글들이 읽는 이에게 웃음과 희망의 등불이 되어준다면 다행이라 생각합니다. 더불어 책의 주인공이 되어주신 독자 여러분께 진심으로 감사를 드립니다.

사랑하는 어머니와 형제, 그리고 수필가와 시인으로 만들어 준 달빛 같은 남편에게 감사를 드립니다. 언제나 나를 인정해주고 친구 같은 두 아들과 며느리, 또한 살맛 나는 세상을 만들어주신 모든 분들에게 뜨거운 감사를 드립니다.

2011년 구절초 향기 그윽한 날

**안 영**

# 첫 만남인 듯 설레임을 마주하며

어느 날, 늦게 들어 온 나에게 짜증을 내며 나가라고 하기에, 이 정도를 이해 못하나 싶어 "그럼 당신이 나가" 라고 했습니다. 아내는 거울 앞에 앉아서 화장을 하기 시작했습니다. 한참이 지나도 나가지 않기에 큰소리로 나가라고 하자 화장을 조금만 더 하고 나간다고 하더니 이제는 화장을 마쳤는가 봅니다. 옷을 꺼내어 입어 보더니 다시 다른 옷을 입었다가 벗고를 여러 번 반복하였습니다.

기다리다가 잔뜩 화가 나서 그녀의 손을 잡고 떠밀려고 하는 순간 난 너무 놀랐습니다. 여태까지 이렇게 예쁜 여자는 처음 보았습니다. 그 순간 "내가 잘못했어." 하고 갈비뼈가 으스러지도록 끌어안았습니다.

그녀가 바로 30년을 알콩달콩 살아오다가 "내 안에 숨겨진 바다" 라는 수필집을 펴낸 바다처럼 속 깊은 나의 사랑스런 아내입니다.

당신의 마음속 깊이 숨겨 놓은 마치 바다 속에서 하나하나 건져 올린 듯한 보석들을 하나도 빠뜨리지 않고 읽어보며 지난 30년 동안의 결혼생활을 거꾸로 세어 보았습니다. 당신은 분명 사랑스런 나의 왕비였고 지금도 여전히 그렇습니다. 글을 읽으면서 느낀 편안함과 알 수 없는 애틋함 때문인가 봅니다. 그런 당신의 글을 다른 사람에게도 보여 주고 싶었던 내 마음이 이루어진 것 같아  더욱 기쁘답니다.

악처 때문에 돋보인 어느 성인을 생각해보았나요? 나는 그동안 좋든 싫든 숱한 글감들을 당신에게 제공해 주지 않았소? 더욱 빼놓을 수 없는 것은 이 세상 어느 보석과도 바꿀 수 없는 사랑스럽고 훌륭한 두 아들이 당신을 사랑하며 존경하고 있지요. 만일 어떤 이유이든 헤어진다면 붙잡지 못한 사람의 후회는 당연하겠지만, 떠나간 사람의 아픔은 남은 사람보다 더 클 것이 분명합니다.

아내와 가족에게 나의 꿈을 지켜내며 정겨워지고자 노력하였습니다. 하지만 내가 생각했던 모습을 어느새 당신에게서 찾았습니다. 그렇게 당신은 가족의 꿈과 내가 생각하지 못했던 당신의 꿈까지 지켜내고 있었습니다.

항상 당신 곁에 머물겠습니다. 나에게 당신은 왕비이듯, 당신의 꿈이 더 펼쳐질 수 있도록 힘껏 돕겠습니다. 사랑이란 내가 주고 싶은 것을 주는 것이 아니라 진정 그녀가 원하는 것이 무엇인가를 찾아서 주고, 그녀가 싫어하는 것을 하지 않는 것입니다. 사랑은 받기만 하는 이보다 주는 이가 더 행복하답니다.

한결같이 멋진 당신, 꽃 같이 고운 당신의 마음이 숨겨진 보석 같은 글들이 훨훨 날아 많은 지인들에게 기쁨이 된 것을 축하합니다.

그리고 시인은 머지않아 시집도 내야겠지요!

2011. 10. 18

솜이불, 잔디이불을 영원히 함께 할 –

임 맹 환

## ■ 목 차

## 제3부 가을 남자와 벨트

## 제4부 75센티미터의 거리

## 제5부 하얀 건반과 요정

# 제1부

# 가장 값진 선물

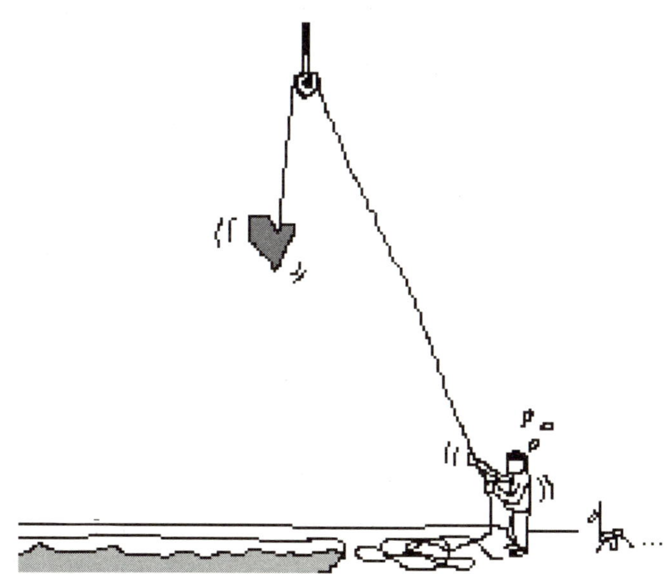

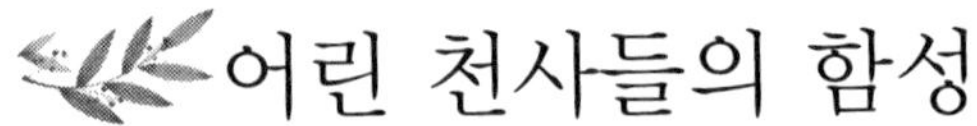

# 어린 천사들의 합성

하늘에서 무언가 내리면 무척 신비스럽다. 하얀 눈이 나풀나풀 나리더니 이젠 완전히 은세계가 되고 말았다.

누구나 행복하길 원하지만 우리가 불행한 것은 경제적 빈곤함보다는 따뜻한 가슴이 식어가기 때문이다. 시내 중심지에서 직장 생활을 오래 한 탓에 시외로 출퇴근하는 나를 몹시 걱정스러워하는 이들이 많다. 도회지에서 느끼지 못하는 풋풋함이 있기에 시골아이들이 좋아 시골을 선택하였다. 사랑을 실천할 수 있는 마지막 기회이다. 그래서 내 생애 마지막 직장을 이곳에서 아이들과 뛰놀며 엄마가 되어주고 어느 날은 자상한 선생님이 되고 싶었다.

시골버스 안에서 넓은 들녘을 바라보며 난 언제나 미소를 잃지 않으며, 봄과 여름 그리고 가을과 겨울을 오가며 아름다운 세계에 푹 빠져 어느 날은 한 정거장을 더 간 적도 있었다. 이제는 시골 할머니 할아버지가 타고 내리는 곳까지 파악을 할 정도이다.

연두 빛 봄이 오면 새잎이 피고, 여름이면 맑은 물이 흘러 발을 담그고 싶고, 냇가의 백로도 나의 눈을 즐겁게 해준다. 가을이 오면 집집마다 감이 주렁주렁 열리어 바라만 봐도 행복하다. 겨울의 숲은 모두 침묵으로 돌아가고, 노송 위에 함박눈이 내려앉은 모습은 아름답기 그지없다. 아름다운 시골 풍경이 너무나 좋아 꽃을 심지 않아도 천지가 나의 꽃밭이며, 옥수수, 호박, 그리고 뒤뚱거리는 오리도 모두 나의 것이 되어 날마다 부자가 된 기분이다. 하루만 지나쳐도 몹시 궁금한 산과 들 그리고 내 사랑하는 학생들이다.

울타리 사이로 버스에서 내리는 내 모습이 보이기 시작하면 아이들은 하나 둘 뛰기 시작하여 아이들이 교문 밖으로 나와 나의 손에 매달리며, 덥석 안기는 아이들, 그리고 얼굴을 만지는 아이 등 별스런 아이들이 많다.

그래서 출근길은 항상 기쁘고 은근히 기대가 되는 시간이다.

오늘도 교문에 들어서자 아이들 몇 명이 날 가로막고 교실로 들어가지 못하게 하였다.

이상히 여기며 이유를 물었더니 지금 들어가면 안 된다고 했다.

하는 수 없이 동짓달에 교실 밖에서 십오 분을 못 이긴 척하고 떨고 있으니 한 아이가 입었던 검정 잠바를 벗어 내 어깨에 걸쳐주며 그 곁에 쭈그리고 앉아 같이 떨고 있었다.

수업종이 울리자 여러 명이 막고 있는 교실 문을 열고 겨우 들어서는 순간 깜짝 놀랐다.

창문마다 오색풍선이 떠있고 칠판에 커다란 글씨로 "선생님 생일을 축하합니다." 라고 멋지게 써있었다. 입이 오므라들지 않아 무슨 말부터 시작해야 할지 몰랐다. 폭죽이 터지고 아이들이 책상 밑에서 하나 둘씩 기어 나오더니 순서대로 편지와 선물을 책상 위에 갖다 놓고 축하송이 이어졌다.

아이들이 춤을 추며 밝은 얼굴로 노래를 부를 땐 작은 천사들이 내려와 합창하는 것 같았다.

고운 합창이 울려 퍼지는 그 순간 두 아이들이 교실 문을 열고 들어왔는데 한 아이의 손엔 마른 들꽃이 쥐어져 있었고 한 아이의 손엔 사탕이 녹아 흐르고 있었다.

두 아이는 나를 가장 힘들게 했던 아이였는데 나를 위해 산으로 꽃을 꺾으러 갔던 것이다. 시내라면 가까운 꽃집에 가서 사 올 꽃이지만 약 20분 정도를 노루처럼 꽃을 찾으러 뛰어다녔다고 했다. 그래서 축하파티가 늦어졌고 나를 밖에서 덜덜 떨게 한 걸 나중에야 알게 되었다. 나에게 꽃을 안겨주는 순간 난, 제대로 눈을 뜰 수가 없었다.

입동이 지나 모두 시들어 말라버린 꽃이지만 그 아이들은 나에게 줄려고 이 산 저 산 뛰어다니며 고사리 같은 손으로 꽃을 꺾어 온 것이다.

마음이 너무나 찡해서 아이들을 진정시키고 수업을 하려고 하니 2부는 축하공연이라고 의자에 앉으라 했다.

각자 개인기를 하고 노래와 춤으로 날 웃게 만들더니 강당으로 또 자리를 옮겨가야 한다고 한다. 그날은 순둥이처럼 아이들이 떠미는 대로 했다. 아이들의 순수함을 짓밟고 싶지 않았다. 강당은 유일하게 피아노와 무대장치가 되어있는 곳이다.

시골에는 피아노를 치는 아동들이 별로 없다. 그런데 그 아이들이 나에게 축하연주를 해주려고 연습을 했나 보다.

피아노 연주가 끝나고 멜로디언 그리고 태권도 시범이 있었다. 이건 누가 시킨 것도 아닌데 아이들 스스로 의논하여 준비하였다. 내 생전에 이렇게 뜨거운 생일잔치는 처음이었다.

풀잎 같은 아이들, 남자랍시고 무거운 걸 보면 제일 먼저 팔을 올리는 아이, 집에서 첫 수확 했다며 꼬부라진 오이를 가져다주는 아이, 이런 아이들이 있기에 얼마나 행복한지 모른다.

내 인생에 환한 행복의 꽃을 피워 준 아이들이 정말로 고마워 교단을 떠나는 그날까지 몸과 마음을 다해 사랑을 심어 주련다.

# 머위 꽃

봄은 짧기에 더욱 강렬하다. 봄기운이 서서히 무르익어 마음의 뜰에도 꽃 잔치가 열리기 시작했다. 꿀물 같은 햇살이 자르르 흐른다. 봄밤은 짧으니 아쉬울 수밖에 없나 보다. 양지바른 언덕길에 쑥이 뾰족뾰족 돋아날 때면 뼈마디를 파고드는 봄바람과 마주앉아 쑥을 뜯었다. 모자가 날아가고 치마가 휘날려도 얌전하게 치마폭을 가라앉히고 검불 하나 없이 가지런히 쑥을 뜯어왔다. 쌀가루와 통팥에 버무려 양은솥에 맡긴다. 잠시 후 쑥떡 익는 냄새가 코를 자극하면 어머니는 칼 대신 손으로 적당한 크기로 잘라 주셨다. 때마침 꿀을 파는 제주도 아낙도 멸치장사와 엿장수도 달려들어 한 움큼씩 들고 한걸음 뒤로 물러선다. 이때 두레박으로 길어 올린 시원한 물 한 모금과 쑥범벅이 그들의 점심이었다. 새콤한 봄의 향기가 입안 가득히 퍼지는 그 맛, 어릴 적 쑥 범벅의 그 입맛을 잊을 수가 없다. 쑥 범벅은 겨우내 곰삭은 묵은지와 마른 나물만 먹던 입맛을 사로잡기에 참으로 신선하고 맛있었다.

어머니의 정성어린 손길이 닿아 있는 곳곳마다 봄이 오는 그 때쯤이면 수선화 노란 웃음이 찬란했다. 서원 앞 단청의 아름다운 빛과 조화를 이룬 목련화는 눈부셔서 정면으로 바라볼 수가 없었다. 약간은 찡그려야 제대로 보이는 얄궂은 꽃. 지난 봄 웃자란 목련의 가지치기를 지나치게 한 탓인지 우듬지에만 피어 하늘을 바라보고 있고, 꽃빛깔은 그리움이 쏟아질 때 왈칵 쏟아버린 눈물 비슷한 빛깔이었다.

목련화는 아련한 옛 추억에 스스로를 흩치며 자꾸만 그리움을 날릴까? 지난 봄날에는 느끼지 못한 봄의 환상이 꿈틀거렸다. 아름다운 꿈을 꾸기엔 너무나 짧은 밤이다. 어둠이 잉크 빛으로 쏟아져 내린다. 깍짓손을 하고 널찍한 뜰을 걷다 보면 볼을 스치는 소소리바람이 일고, 그 바람 곁에는 노랑물결이 파도를 치는 개나리가 왈츠를 추고 있다. 밤은 어두워도 봄은 노랗게 익어가고 있었다.

밤의 서막을 알리는 그리움이 자리하면 그리운 이들의 안부가 궁금하여 마음을 수선스럽게 만들어주었다. 죽는 날까지 육신의 이별은 있을지라도 마음의 이별은 하지 말자던, 봄에만 할 수 있는 약속들과 오래전에 지워버린 이름들을 떠올리듯 대소쿠리에 부추를 수북하게 담아왔다. 키가 똑같은 부추의 머리를 잡고 단발해 주듯 한줌씩 베었다. 그들 몸에 지문이 닿으면 연한 부추의 향이 코끝에 흔들려왔다.

밭을 매거나 솔가리를 긁어도 항상 일등을 하는 동네 언니들은 나를 못 듣게 하고 자기들끼리 귓속말로 웃어 제꼈다. 알고 보니 부추를 오랜 기간 꾸준히 먹게 되면 오줌 줄기가 벽을 뚫는다 하여 파벽초(破壁草)라 하며 머위는 과부 집 담을 넘을 정도로 힘이 생긴다 하여 월담초(越墻草)라고 하였다 하니, 이른 봄에 텃밭에서 돋아난 풀들이 우리의 기를 돋우는데 유용한 식품이다. 그래서 어른이 계신 집에서는 매운 풀을 뜯으러 철퍼덕 앉아 있었나 보다.

이 때쯤이면 쌉싸래한 매력을 가진 머위도 상에 올라왔다.

구름같이 떠돌며 바람같이 사는 인생이라고 말하는 할아버지는 까칠해진 입맛을 잡을 때 반드시 머위를 찾으셨다. 머위는 아기 손바닥만한 잎이 자라면 잘라서 끓는 물에 살짝 데쳤다. 향이 너무 강하여 무침에는 마늘을 넣지 않고 된장과 깨소금, 참기름만 넣어 조물조물 무치면 잃었던 입맛을 다시 찾을 수 있다.

오물오물 맛나게 먹는 토끼처럼 우리들은 옹기종기 모여 그런 풋나물을 먹으며 옛 추억을 더듬어 보곤 했다.

쑥범벅을 맛있게 해 주시던 어머니는 감기가 들어 맛도 느끼지 못하고, 머위를 다듬던 그 손은 머위 꽃이 되어 우리를 감싸 안고 계셨다.

오늘도 저녁 내내 냉이의 흙을 털어 보글보글 끓였다. 봄은 짧고 강렬하기에 이 봄이 가기 전 쏟아지는 봄볕을 모아 한 솥에 넣고 그리움을 녹여 마시고 싶다. 봄의 입맛이 상큼 어금니를 돌아나온다.

# 가장 값진 선물

아홉 시 쯤 방문한다는 그녀의 전화를 받고 겨울 냄새를 없애기 위해 카펫을 걷었다. 언제나 정갈하고 가지런한 미소를 지닌 마가렛 꽃을 닮은 그녀.

그녀가 좋아하는 차는 어떤 차일까? 미리부터 찻잔을 덥히고 차 주전자를 준비했다. 가장 기분이 좋은 때란 내가 좋아하는 분이 우리 집 방문할 때이다.

평소와는 다른 분위기로 옷도 드레시하게 입고 오늘은 라벤더 향을 삼킨 촛불을 켰다. 십자가 모양의 조각 사이로 불빛이 새어나온다. 어둠을 빛으로 환히 감싼다.

남편도 오늘 따라 약속 시간보다 더 일찍 자리를 하고 기다린다. 바닥을 반들거리게 닦아 놓고 오실 그분들을 위해 다과상을 차린다.

몰랑거리는 동상 곶감과 삼계 엿을 준비하고 참깨강정과

쇠머리찰떡 그리고 아삭거리는 단감과 시원한 배도 몇 조각 담았다. 차는 우리 집에서 가장 귀하게 여기는 차로 대접을 하려고 한다. 특별히 그녀 몫은 대나무 찻잔으로 하였고 나머지는 도자기로 하였다.

이윽고 젊은 부부가 도착했다. 그런데 현관문이 빨리 닫히지 않아 이상히 여겼는데 키가 180cm 되는 탁자를 힘겹게 들고 왔다.

목재소에 가서 나무를 고르고 손수 대패질을 하여 나무 결을 그대로 살린 아름다운 작품이다. 폭은 60cm 두께는 나의 검지 손길이. 양다리는 나이테가 고스란히 박혀있고 탁자 밑에는 연탄집게를 불로 달구어 그의 이름 석 자를 새겼다.

평소 자연의 미를 살린 통나무 탁자를 갖고 싶었다. 장정 여덟은 충분히 앉을 수 있는 탁자였다. 그런데 기분 좋은 것은 솔향기가 솔솔 풍겼다. 널찍한 탁자에 코를 대고 한참 동안 숨을 멈추고 솔향기에 젖어본다. 세상은 정말 살 만한 가치가 있다. 마음으로만 갖고 싶어 하던 나무탁자를 갖게 되다니…….

깔끔한 탁자가 오던 날 첫 손님으로 그녀의 부부를 맞이 했다. 기분이 좋아 복분자와 홍어전도 상에 올렸다. 그들이 방문하여 이야기하는 동안 시계는 열한 시를 향해 달리고 있다.

이제 탁자 앞에 앉을 사람도 사포질하여 새로운 사람이 되어야 할 텐데 걱정이 앞선다. 글 쓰고 책 읽기로는 안성맞춤

인 탁자. 거실 바닥과 아주 잘 어울린다. 양파껍질 염색하여 햇솜방석도 만들고 가끔은 치자 물들인 탁자포를 깔고 촛불과 함께 우린 차를 마시면 아름다운 중년의 하루가 될 것 같다.

사랑은 받는 이도 즐겁지만 주는 이도 흐뭇해한다. 사랑은 그 사람이 갖고자 하는 걸 주는 것이다. 엄청난 사랑을 받고 보니 새봄이 기다려진다. 탁자에 앉아 새잎이 피어나는 가로수를 바라보며 가슴 떨리는 어떤 일을 펼칠 것인지 미리 흥분된다. 예쁜 미소와 머리 올린 목선이 유난히 아름다운 그녀. 그처럼 곱고 아름다운 심성을 가졌기에 좋아한다.

새봄, 너무나 과분한 선물을 받아 마음이 날아갈 것 같다. 댓가를 지불하겠다는 말에 그냥 가져간다고 하며. 그녀는 이렇게 말한다. "꼭 대가를 치루고 싶다면 아름다운 글을 써서 제게 주십시오. 제가 차곡차곡 정리해 둘 겁니다."

이제 글은 나의 것이 아니다. 우리 모두 공감해야 할 부분이다. 내가 그려온 삶의 작은 조각보들을 울긋불긋 수채화처럼 예쁘게 색칠해 나가야겠다.

이처럼 고운 탁자에 좋은 사람들을 모시고 싶다. 그리고 몸살을 앓으며 긴긴 밤, 탁자에 엎드려 좋은 글을 쓰고 싶다. 이 세상에 단 하나 밖에 없는 작품, 손수 만든 탁자이기에 소중하고 귀하게 여기며 너그러운 미소로 보답하고 싶다.

# 자줏빛 고구마

비가 내리는 화엄사에는 역시 색다른 풍경이 있다. 그토록 내가 좋아하고 또 수필을 쓰게 된 동기부여를 간접적으로 해주신 법정스님께서 모든 압박에서 벗어나 고요한 곳으로 들어가게 되었다. 큰 별이 떨어진 안타까움에 마음을 잡지 못하고 이해인 수녀님께서 쓰신 추모시를 읽으며 마음을 달래 보았다.

텅 비어 있으면 잔잔한 바람결에도 아름다운 마음을 담을 수 있듯이 그가 머문 세상은 하찮고 헐벗을지라도 서로 사랑하며 포기하지 않는 세상을 남겨두고 떠났다.

우리가 사는 모습은 쌈을 먹는 것과 같다는 생각을 하게 되었다. 저마다의 주어진 생의 마당에서 적당한 색깔과 모양으로 각양각색의 희로애락을 얹어 쌈 싸 먹는 재미로 엮어지니 서로 개인 차에 맞게 인생을 설계하면서 살아야 하지 않을까. 맛깔스런 인생을 살기 위해 하루가 시작되면 제일 먼저 음악을 켠다.

다른 사람은 또 다른 삶을 살겠지만 어영부영 세월만 축내는 사람보다는 늘 도전장을 쓰면서 나이보다 젊게 남보다 더 멋지게 살고 싶은 욕심이라면 탓 하지 않을까.

혼자만의 시간이 고요해서 좋고 좋아하는 음악이나 읽고 싶은 한 줄의 글귀라도 읽을 수 있어 이 시간은 참으로 기쁜 시간이다.

거기에 하나 욕심을 부리면 고구마를 구워 먹는 재미가 쏠쏠하다.

자줏빛 고구마를 올케 언니가 몇 개 주셨다.

귀한 것이라서 손님 오시면 함께 하고 싶어 아끼다보니 싹이 나오고 있었다. 노란 고구마에 익숙해진 내 입은 자줏빛 고구마가 왠지 이상하여 계속 만지작거렸다. 자주빛 고구마는 호박고구마와 복분자의 만남이라면 가장 이상적인 만남은 법정스님과 이해인 수녀님과의 만남일지도 모른다.

절간에 사는 스님이 수녀를 찾아간다는 말은 일반적인 상식으로 이해가 안 되는 일이지만 법정 스님과 이해인 수녀님의 친분은 아주 두텁다고 한다. 출가자로서, 작가로서, 수도자로서 공유점이 많았기 때문이다. 사회가 혼란스럽고 건조하다고 생각될 때 그분들은 좋은 글로 세상을 흠뻑 적셨다.

연인, 부부, 자녀들은 그분들의 책을 기념일 선물로 많이 선택했을 것이다.

18세 되던 해, 등을 흠뻑 적시는 날씨에 구례구역에 자주 갔다. 화엄사의 주지 스님을 만나기 위해서였다. 한손에 포도송이를 들고 터질새라 잰 걸음으로 굳이 사찰을 찾은 것은 인생의 푯대를 세우지 못하고 장래에 대한 희망이 막연하여 무작정 기차를 타고 내린 곳이 화엄사였다. 수많은 생각으로 혼란스러운 여고시절 고단한 내 영혼을 잠시 내려놓고 쉬고 싶었다.

낡은 법당에서 기도하는 소리가 내 마음을 울렸다. 숨소리도 들릴 것 같은 정적만이 감도는 법당 앞에서 무작정 스님을 기다리고 있었다.

내가 찾아온 이유를 묻지도 않으신 스님은 들어오라 하시더니 한동안 말씀 한마디도 안 하셨다. 한 시간쯤 모필 붓으로 엷은 화선지에 무언가 써주셨다.

화선지에 써내려간 붓의 자리는 먹물이 아닌 스님의 마음을 나에게 설명해주는 흔적이 오롯이 담겨 있었다.

푸성귀 같은 인생이야기를 모자이크 형식으로 경청하신 스님은 다음에 또 오라고 하고 내가 토방을 내려오기도 전에 스님은 아무 말도 하지 않고 들어가셨다.

새가슴처럼 뛰는 가슴을 두 손바닥으로 누르며 인생의 바다에 떠도는 하나의 조각배처럼 이리저리 흔들리며 나의 여고시절은 끝이 났다.

스님으로부터 받은 글귀를 이해하기 위하여 붓글씨 학원을 찾아가 우연히 취미로 서예를 하게 되었고 내가 살아온 날 중 가장 재미있고 잘한다는 소리를 들은 것이 바로 이 시기였다. 동적인 취미생활을 하는 친구들은 나에게 의아한 눈빛을 보냈지만 지금 생각해보면 수녀가 되고 싶었던 마음도 그 때문이었으리라.

내 인생의 멘토가 되어주신 스님께 보답하기 위하여 열심히 공부를 하였다.

어느 날 장롱 속에서 꼬깃거리는 화선지를 펴보니 스님께서 써 주신 한시 한 편이 가을바람을 타고 흘러내리는 것은 왜일까.

스님을 통하여 시를 알게 되었고 묵향도 알게 되었다. 내 인생을 건조하지 않도록 늘 깨어있게 가르침을 주신 스님덕분에 나름대로 열심히 살았지만. 스님의 생존여부를 모른다는 것은 가슴 아픈 일이다. 내 가슴을 영원히 울릴 풍경소리를 누군가와 함께 듣고 싶은 날이다.

## 고운 그대에게

당신의 환한 미소가 모란꽃 되어 피어나는 날, 법과 원칙을 벗어난 핑크빛 사랑을 전하고 싶습니다. 계절에서 가장 아름다운 날은 수첩 네모 칸에 중간고사라고 깨알 같은 글자가 적혀 있습니다. 가방을 메고 강의실을 빠져나오는 순간, 무거운 옷을 훌훌 벗어버린 기분으로 당신을 향해 뛰어갑니다.

누군가 마주앉아 실컷 마시고 헛소리를 하다가 팔 다리, 얼굴이 없는 토르소가 되어 한없이 웃어보고 싶은 날이 있었습니다. 무엇으로 인하여 옥죄이며 수많은 시간을 허비하는지 가방을 내려놓은 채 창밖을 바라보니 너무나 스산한 기분입니다. 브레이크를 밟아 보지 못하고 쭉 직진만 하다보니 정신없이 여기까지 왔다. 보슬비 내리는 날, 살 부러진 우산을 서로 밀어주며 비에 젖은 해변을 거닐던 그때를 상상하며 지그시 눈을 감아 봅니다.

이런 날이면 끝이 뾰족한 붓 하나 준비해 세상을 예쁘게 색칠하고 싶은 충동을 지니게 해준 친구에게 오늘도 가슴 속의 추억하나 꺼내 들고 그대의 마음을 그려봅니다.

우정이 깊어지면 깊어질수록 당신에 대한 그리움이 못 견디게 짙어짐을 어찌하겠습니까? 그 어떤 위로와 격려, 즐거움도, 당신의 청아한 목소리 한 번 듣고 싶은 마음에 미치지 않으니 이 보고픔을 어이 해야 하나요? 사는 동안 마음은 돌처럼 단단하고 차갑게 식어져 버렸으니 커져버린 그리움을 사랑의 힘으로 서로를 바라보고, 또 같은 곳을 바라봐야 그나마 해결되나 봅니다.

보고 있어도 한없이 그리운 그대이기에. 목소리조차 들을 수 없는 지금 굴 속 같은 어둠 속에서 이리저리 헤매는 가엾은 한 마리 짐승이라도 된 듯 목 놓아 울부짖습니다. 당신을 사랑하면서 많은 아픔, 눈물, 고통, 긴 한숨과 더불어 바람에 흔들리는 여린 풀잎처럼 세상 속으로 기울어지고 있는데 이렇게 소통의 길이 막혀버렸으니 어찌합니까?

“우정”이라는 두 글자는 참으로 행복하고 가슴 벅찬 단어입니다. 막상 누군가를 사랑하면서 사랑이란 말의 밑바닥에 감추어진 아픔들을 꺼내보지 않았지만. 당신이란 사람을 사랑하면서 그런 아픔들이 참 크게 다가옵니다. 그만큼 그리움의 무게가 힘겹게 내리누릅니다.

그리움이란 사랑의 깊이만큼 짙어져 사랑이란 이름으로 가려진 또 하나의 사랑이 아닌가 생각해 봅니다. 당신을 애타도록 그리워하면서 죽어도 잊혀지지 않을 사랑으로 남길 원합니다. 당신과 함께 할 수 있었던 흑석동 2층집, 당신은 처녀의 몸으로 네 식구의 가장 노릇을 해냈고 철없는 망나니 동생 뒷바라지에 매일 같이 경찰서에 출두하여 두 손을 모아야 했던 친구이면서 엄마 같은 따뜻한 사람이었습니다. 지독한 그리움으로 찌들게 했던 당신은 유죄입니다.

어느 햇살 고운 날, 당신이 보내셨던 편지 한통으로 인하여 나는 신앙인이 되었고 '레오니아' 란 아름다운 본명을 가지게 되었습니다. 내 인생의 지도를 그려준 너무나 소중한 편지였음을 고백합니다.

당신의 글은 두루마기 편지 식으로 언제나 나의 키를 넘는 길이였습니다. 읽을 때마다 참 좋았습니다. 세상의 빛이 나에게만 쏟아지는 그런 기분이었습니다. 이 세상에서 단 한 사람만 선택하여 쓴 글을 보면서 전 희미하게 당신의 목소리를, 당신의 모습을 마음으로 느낄 수 있었습니다. 당신의 글은 나에게 긴 한숨을 내쉬게 하였지만, 조금이나마 당신을 느낄 수 있음에 기뻤답니다.

사랑하는 당신. 내 마음 속에는 당신을 위한 작은 샘이 있답니다. 그 샘의 한 방울의 물까지 남김없이 두 손으로 퍼 담아 당신의 삶에 퍼 나르고 싶답니다. 마음속에 고인 이 샘은 바로 당신이 제게 주신 사랑의 십자가이기 때문입니다.

84번 버스를 타고 중대 입구에서 그리고 한강 주변, 명동 성당 앞에서 밤이 깊도록 철학자의 흉내를 내며 밤새 열띤 토론을 했던 그 주인공이 바로 당신입니다.

명수대 성당에서 무릎을 꿇고 당신은 내 손목을 잡고 정릉 수녀원에 데리고 갔지요. 수도성소의 길을 안내했지만 결국 칠 공주를 둔 엄마가 반대하여 되돌아 온 나를 위해 또 두 손을 모았던 당신.

모진 절망의 바람이 거세게 분다 해도 제 전부가 날아가지 않는 한, 두려움 없이 아름다운 당신을 찾는데 내 정성을 아끼지 않겠습니다.

세상의 수많은 사람 중에 당신이란 사람 알게 되어 고통 속에서 예쁘게 뿌리내리고 싶습니다. 당신에게로 줄기가 뻗어나가 풍성한 열매로 맺어질 수 있기를 간절히 바랍니다.

오늘도 당신의 전화를 한없이 기다리고 있는 내 모습을 보며. 당신을 얼마만큼 사랑했는지 느껴봅니다. 당신에 대한 이 지독한 그리움들, 억지로 지우려함은 제 전부를 지우는 것임을 잘 알기에 결코 지우지는 않겠습니다. 그렇게 제 가슴에 안고 영원히 살아가며, 끝까지 치유하고 싶지 않는 그리움으로 그대 곁에 머물겠습니다.

오랫동안 마주하고 있어도 늘 그리운 모습으로 당신이 가슴속에 남아있을 테니까요. 일렁이는 아쉬움에 당신의 맑은 미소와 함께 언제나 변함 없이 손잡고 나아갈 수 있도록 그대 곁에 머물기를 허락해 주길 바랍니다.

당신이 만약 딸을 낳았다면 그때 우리가 만난 나이보다 훨씬 많겠지요? 당신은 아직 미혼인지 모릅니다. 아마 삶이 힘들어 처녀로 육십을 바라볼 수도 있는 편안한 여인의 자리에 앉아있을 수도 있겠네요.

당신을 기다리는 시간은 늘 쓸쓸하고도 눈물겨운 일입니다. 그래서 그날까지 청빈, 정결, 순명하는 마음으로 살겠습니다.

우리 만나는 날이 곧 있을 겁니다. 부디 그날까지 우리 만날 수 있기를 바라며 건강을 빕니다. 내 고운 그대에게

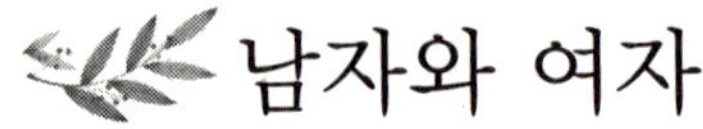

# 남자와 여자

팔자가 그리 좋은 아침은 아니었다. 다리를 높이고 종아리를 주무르고 있었다. 수많은 세월을 땅속에서 혹독한 인내와 시련을 겪고 세상 밖으로 나온 매미처럼, 그래서 목이 터져라 울고 싶은 여자의 아침이었다.

세상에 나와서는 겨우 보름 남짓 사는 게 다반사인 매미의 생처럼, 이슬과 나무진만 먹고 살다가 짧은 생을 마감하는 그들은 지난 여름 나와 함께 울음 합창을 했다. 땅속에서 기어 나와 보니 별것도 아닌 세상이기에 그랬는지 나뭇가지나 꽃 대궁에 매달리고 어느 매미는 인정이 그리워 베란다 창틀에 매달려 자신의 등을 째고 옥색 빛을 띤 날개와 다리의 허물까지 자신의 몸 전체를 한 시간 동안 벗기고 난 후 5시간 이상을 말려 첫 날개짓을 한다.

전날 밤 한 여자도 매미가 되기 위해 두 차례나 종아리에 쥐가 나서 꼼짝 못하고 가슴 골짜기에 물이 흐르도록 조여 오는 통증으로 날을 새고 말았다. 이젠 나도 한 마리의 매미다. 여름 내내 지겹도록 나뭇가지에 붙어 울어버릴 것이다.

안쓰러워 보였는지 한동안 서서 바라보는 그가 더 안절부절 하였다. 평소 식사 후 물도 떠다 받쳐야 마시는 그가 오늘은 나를 위해 차를 타준다고 했다. 늘그막에 희미한 행복을 모두 걸고 싶었는데 비로소 남자가 왕비 대접을 해준다니 그는 왕이었다.

그는 어떤 차로 마실 건지 미리 주문을 받았다. 나는 기다렸다는 듯이 대추차라고 힘주어 말했다. 차의 종류가 많아 어느 장소에 있는지 알 수 없는 그는 모든 수납장을 열어보며 수선을 피웠다. 참다못해 대추차 있는 곳을 알려주었다. 조금 후 예쁘장한 은쟁반에 찻잔을 내왔다.

식기 전에 어서 마시고 싶은 마음에 벌떡 일어나 찻잔을 보니 위에 무언가 하얗게 엉기어 있었다. 아무리 저어도 대추 건대기는 보이지 않고 저을수록 우윳빛이었다. 하도 수상하여 한 모금 입에 물고 차의 정체에 대해 물으니 의아한 그의 표정은 날 너무 웃기게 하는 눈빛이었다. 그는 어린아이처럼 대추차를 가져와 나에게 확인을 시켜주었다.

이럴 수가 있을까. 이전에 대추차를 먹고 공병이 예뻐 버리지 않고 그 안에 녹말가루를 넣어 보관해 놨는데 그는 병만 보고 대추차인 줄 알고 타왔다고 하니 얼마나 우스운 일인가? 바로 옆자리에 키가 큰 투명한 유리병의 색깔이 고운 대추차를 꺼내어 보여주었다.

이 대추는 폐백용으로 특상품 대추만 골라 곱게 썰어 꿀에 재어 놓았다. 누구든 우리 집을 방문하는 고운 손님한테 대접하려고 정성껏 준비한 차는 찾지 못하고 엉뚱한 차를 타왔으니 웃지도 울 수도 없는 상황이었다.

가사노동에 충실한 남자였다면 오늘 같은 불상사가 일어나지 않았을 텐데 어쩌다 한 번 주방에 들어선 남편의 행동이 이런 결과를 내고 말았으니 평소 알려주지 못하고 나 혼자 해결하려고 했던 못난 나를 인정하기가 그리 쉽지 않았다. 어리석다고 무심코 내뱉는 말에 그의 가슴이 멍들지 몰라 참아내자니 그 방법도 익숙하지 않아 혼란스러웠다.

남자를 탓하기 어려울 만큼 내 잘못이 크더라도 오늘만큼은 내 탓이 아니라 내가 취약한 부분이었다고 생각하고 싶었다. 스스로 인정을 해야만 내가 행복해질 수 있기 때문이다.

남자와 여자의 차이는 이렇게 시작된다. 여자들은 외출에서 돌아오면 먼저 라디오나 티비를 켜 놓고 그 다음 옷을 벗기 시작한다. 반면 남자들은 오자마자 커튼을 열거나 신문을 보면서 이모저모 살피기 시작한다.

남자는 시각적(視覺的)인 것에 민감하기 때문에 아내와 같이 동행을 해도 다른 여자의 미모에 뒷모습이 안 보일 때까지 눈으로 따라가고 있다. 여자는 남자들보다 청각(聽覺)이

발달해 있기에 누구 아들은 어떻고 누구 남편은 어디에 다니고 누가 유럽을 다녀왔고 요즘 유행하는 루이비통, 샤넬 같은 명품을 누가 샀으며 신발은 루나이고 등등에 귀를 기울인다. 이런 듣는 것에 민감하게 반응을 보이기에 남자는 여자와 같은 자리에서 똑같이 보고도 금방 잊고 만다. 반면 여자는 들었다하면 잊지 않고 두고두고 끄집어내어 부부싸움 때마다 전속으로 출연시켜 오장을 긁어낸다.

불행하게도 대추차 옆의 용기에는 분명 대추차라고 써있었다. 아내는 잘 알고 있었지만 어쩌다 주방에 들어온 남자는 알 리가 없다. 그의 잘못이 아니라 대추차 병 속에 든 녹말가루가 문제였다.

집 안 구석구석에 쌓아둔 물건을 버리듯 남자의 서운한 소리 모두를 종량봉투에 밀어 넣어 그것도 부족하여 덤으로 올려 쌓고 테이프로 붙여서 내다 버릴 작정이다. 남자는 말하지 않아도 다 알아야 한다고 표현을 아끼지만, 여자는 그래도 말해주길 원한다. 알고 있어도 듣고 싶은 마음이 여성의 심리이다. 여자는 궁금한 게 너무나 많다. 듣고 싶어 하는 것들이 많다. 그립다, 생각하고 있다, 보고 싶다, 사랑한다고 말을 안 해주면 쓸쓸함이 쌓인다. 남녀 관계에서 결국 중요한 것은 시각과 청각의 차이가 있다는 점이다.

모든 생각과 슬픔이 나를 비켜가길 원한다. 그러므로 불행을 피하고 행복을 추구하는 오류를 만들지 말아야 한다. 남자와 여자의 다름과 차이에 대해 서로 이해만 한다면 서로 사랑하는 남과 여가 될 것이다. 장단지에 침을 수없이 맞아 모르는 사람들은 집에 모기가 그리 많다고 짐작해버리는 지난 여름이야기.

오늘밤은 기대와 실망이 실바람을 타고 하늘을 오르고 있다.

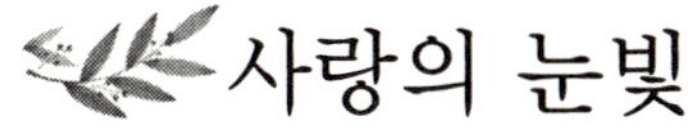

# 사랑의 눈빛

은빛 억새물결이 넘실대는 들판을 달리고 싶다.

아름답게 물들어가는 자연, 그 아름다움 속에는 알 수 없는 아픔들이 고여 있다.

눈부신 햇살을 가득 안고 신나게 달리는 시골버스를 타고 학교에 도착하면 그 아이는 어김없이 문틈 사이로 숨어 얼굴을 반쯤 보이며 날 기다리고 있다.

어느 날 실내화가 없어져 차디찬 복도를 맨발로 다니며 한참동안 찾아보았으나 내가 찾는 실내화는 보이지 않았다. 분명 퇴근길에 나란히 키를 맞추어 제자리에 놓고 갔는데 없어졌으니 누구한테 말도 못하고 교정에 우뚝 서있는 노송을 바라보며 한숨을 짓고 있었다. 마침 운동장에서 나를 보고 급히 뛰어온 소녀가 자기 가슴을 열더니 점퍼 속에서 나의 실내화를 꺼내주며 그냥 가버렸다. 아직도 그 소녀의 온기가 식지 않은 따스함이 묻어있는 나의 실내화. 새가슴만한 작은 가슴에 품고 신발을 선생님을 기다렸던 것이다.

가슴이 찡해온다. 아이는 입학하여 지금까지 한글을 읽지 못하고 있다. 처음엔 다 하는 공부인데 내가 조금만 신경을 더 써준다면 충분히 해낼 줄 알았다.

날마다 맨 앞자리에 앉혀놓고 어느 날은 내 옆구리에 끼고 한글 기초부터 시작하였다.

노트는 새것으로 준비하고 간식도 날마다 고급으로 주면서 열심히 가르쳤다. 이런저런 방법을 모두 동원해 보았으나 아이에게는 너무나 통과하기 어려운 좁은 문이었다.

40분 내내 백지 한 장을 채우기 힘들고 금방 쓴 글을 다시 반복학습을 시켜보아도 금세 잊어버린다. 보고 써라 해도 다른 글자를 써버린다.

이 아이가 1학년을 마칠 무렵 어머니한테 감사하다는 말 한마디를 쓸 수 있게 해주고 싶어 고함도 지르고, 손도 잡아 같이 써보고 자료를 동원하여 지도하였지만, 집에 가서 하룻밤만 자고 나면 또 기억을 못하는 아이였다.

그런데 점심시간에 등 뒤에서 작은 손이 넘어와 물이 담긴 컵을 건네주는 걸 보면 그 아이가 조심스레 사랑의 표현을 전하고 있는 것이 아닌가.

팔뚝이 너무 가늘어 언제나 불안하게 했던 아이. 그 팔뚝으로 언제나 나를 안아준다.

공놀이 시간에도 짝이 없어 나하고 같이 짝이 되어야 했던 아이.

서리가 허옇게 내린 날 아이는 엉덩이가 젖었다. 몇 아이들을 불러 급히 갈아입을 옷을 찾아보았으나 시골학교에서 쉽게 구할 수 있는 문제가 아니었다.

손가방을 꺼내어 다 찾아보아도 아이를 따뜻하게 해줄 손수건조차 나오지 않았다.

아이가 아무 것도 모르고 교실로 운동장으로 뛰어다니는 동안 나의 마음은 안쓰러움으로 흥건히 적셔온다.

바람이 불어 고운 단풍이 비처럼 쏟아지는 어느 날에 아이는 청바지에서 무언가 꺼내준다.

언제부터 작은 주머니에 담아왔는지 낙엽이 말라 부스러졌다. 아이는 말을 더듬거린다. 언제나 혼자 놀고 항상 그늘진 얼굴이다.

햅쌀이 나온 이후 빈약하던 가슴과 장딴지에도 서서히 살이 붙어가고 있었다.

다른 아이들 눈을 피해 간식을 조금 더 주면 아이는 필요한 만큼만 주먹에 담고 나머진 되돌려 줘버린다. 바람이 스산하게 불면 아이의 몇 개 안 되는 머리카락이 나부낀다. 그리고 기분이 좋으면 폴짝폴짝 뛰어다니는 소녀.

하얀 문풍지 사이로 들어오는 가을 햇살만큼이나 고운 소녀.

모든 인간은 사랑받기 위해 태어났다. 내가 사랑을 너무 독차지하면 다른 이의 사랑이 부족하다. 내가 행복하게 살

수 있다는 건 그 누군가가 나를 위해 희생하고 있다는 것이다.

내 아이가 건강하다는 것은 그 누군가가 내 아이대신 아파하기 때문이다.

교정에서 낙엽을 주우며 혼자 노는 소녀에게도 많은 관심과 사랑이 필요하다.

세상의 온화한 빛 속에서 우리의 아프고 힘겨운 삶을 사랑의 눈빛으로 아름답게 비추길 바란다.

이제는 일기도 쓰고 선생님께 한 줄의 편지도 쓸 줄 아는 그런 아이로 성장했다. 오늘도 소녀의 가슴에서 꺼내준 실내화를 신으며 고맙고 감사한 마음을 한 잔의 커피잔에 녹여 마시고 싶다.

빛나는 햇살이 되어 오늘도 마음 아픈 이들을 위해 환히 웃어 줄 그런 아이가 몹시도 보고 싶은 날이다.

# 우리 딸 시집 보내던 날

우리 딸의 나이는 24살 키는 165cm, 몸은 아주 날씬하고 특히 젖가슴이 어여쁜 딸이다. 어느 날 남편은 어스름 달빛이 흐르는 밤에 여자를 안고 들어와 깜짝 놀랐다. 모르는 여자를 데리고 와도 막지 못하고 오히려 길을 비켜 주었다. 처음엔 흑인 여자를 안고 오는 줄 알고 화를 내지 못하고 교양인처럼 참으려니 부아가 났다. 아무런 소리도 없어 가만히 들여다보니 숨을 쉬지 못하는 여자였다. 지인이 직접 만든 국전 입상작이라고 했다. 그이는 틈만 나면 그 여인과 은밀한 대화를 나누고 한쪽 젖가슴을 얼마나 만졌는지 반짝 반짝 빛이 날 정도였다. 우리집 방문하는 사람마다 화젯거리가 되고 시어머님은 저 여자 내다 버리라고 성화를 댔다. 좁은 공간에서 그 여자와 같이 생활한다는 건 무척 어려운 일이었다. 예술 공간이라면 모르지만 평범한 가정집에서 이런 나체 석고상을 집안에 두고 감상한다는 게 우스운 일이었다. 어느 날 이사를 하게 되었다. 웬만한 물건은 모두 버리고 새집으로 이사 오는 물건은 좋은 것만 추렸다. 그 여자(작품)는 버리고 올 줄 알았는데 익스프레스 차에 제일 먼저 그것도 다치지 않게 이불로 온몸을 감싼 채로 옮겨졌다. 이사 온 날 둘이서 다투었다. 저 여자가 무엇이기에 이집까지 데리고 오느냐. 내버리라고 하니 저 여자와 같이 나간다고 했다. 새집에 이사와 다른 건 안중에 없고 오로지 그 여자만 쳐다보고 그 여자 쉴 곳만 찾고 있었다. 하는 수 없어 베란다에 거처하기로 정하고 그날부터 그 여자가 쉴 수 있도록 배려를 해주었다. 밖을 지나는 행인들이 불 켜진 밤이면 구경꾼들이 모여들었다.

"저 집은 누가 사느냐. 왜 저 여자는 매일 옷을 벗고 있느냐 성한 여자가 아니지?" 하면서 입방아를 찧었단다. 날이 갈수록 차츰 사람이 아닌, 조각품이란 걸 알고부터는 또다시 호기심이 발동했단다. 그럼 저 주인장은 미술교사란 말인가? 아니면 예술가? 주민들이 우리 집에 대해 궁금히 여겼다. 또한 그의 친구들이 오면 제일 먼저 그 여자한테 모두들 인사를 시킨다. 그리고 몰래 가슴을 만지려다 들키면 혼나는 소리가 아파트를 흔든다.

이래저래 소문이 나돌아 그 여자에 대한 모든 궁금증은 풀렸다. 그 후 런닝머신을 하다 그 여자 쪽으로 넘어져 그녀의 팔이 골절되었다. 묵묵한 남자인지라 가슴 아파하는 모습을 이전에 본 적이 없었다. 얼마나 괴로워하던지 잠을 자지 못할 정도로 고통스러워했다. 붙지도 않을 팔을 갖다 대보기를 여러 번…… 그 후 조각 전문가한테 가서 알아보았지만 그녀의 팔은 붙이지 못한 채 외팔의 여인으로 살게 되었다. 청소할 때도 제일 먼저 그녀의 목욕부터 시작한다. 보통 세제가 아닌 목욕제품을 사용하여 정말 개운하게 해 주는 건 나의 몫이었다. 그런데 어느 날 손님이 오셨다. 여느 때처럼 베란다로 그들을 모시고 그녀에게 갔다. 그러자 "저건 우리 집 뜰에 갖다놓으면 딱 입니다." 라고 하자 그이는 나에게 물었다. "그래요. 우리 집에 있는 것 보다 24년을 살았으니 이제 시집을 보내는 것도 괜찮을 듯 싶네요. 그런데 조건이 있습니다. 너무나 귀히 모셨던 애장품이기에 함부로 대하지 않겠다고 서약을 하신다면 시집을 보내겠습니다." 라고 했다. 두 남자가 보듬어 우리 집을 나서는 순간 쳐다볼 수가 없었다. 한때 라이벌이었던 조각품이었지만 이렇게 시집을 보낸다니 가슴이 아팠다. 연둣빛 새 봄이 오면 우리 딸 보러 가야지……. 그 후 남편은 아무 말도 하지 않았다. 나도 그 이야기 만큼은 꺼내지 못했다. 어서 새봄이 오면 그 여자가 아닌 우리 딸 보러 가야지…….

## 숨기지 못하는 이야기

몸은 인간이 함부로 다루어서는 안 되며 마음을 다하여 가꾸어야 한다. 그런데 많은 이들은 부부로 포장하여 살지만 그 내용물은 각각 다른 삶을 하고 있다. 연을 이어가는 것도 소통이라는 관계가 있음으로 통하는데, 소통을 게을리 한다.

만남과 헤어짐은 어쩔 수 없는 자연의 법칙이다. 만나면 기쁘고 헤어지면 슬픈 것은 원초적인 감정이다.

이 넓은 세상에서 나뭇잎 만한 마음 하나 기댈 곳이 없다면 얼마나 외로울까. 서로 마음이 통한다 할지라도 그가 떠난 빈자리는 클 수밖에 없다. 마음이 통하는 사람과 있으면 외롭지 않으나 통하는 문이 너무나 비좁다.

행복의 조건은 무수히 많지만 늘그막에 같이 손잡고 산책하며 뜨거운 만둣국을 사이에 두고 서로 밀어주는 사랑이 행복이 아닐까.

취미가 다른 부부에게는 대화의 장벽이 있다. 서로의 관심사에 지지해주고 인정해주면 신이 나서 아이처럼 좋아하지만 관심 밖의 일을 하면 책망하고 핀잔을 주게 된다.

우리 부부도 생각주머니의 크기가 너무나 차이가 났다.

귀가 시간이 늦어질 때가 많다. 책장을 넘기다보면 이해할 수 없어 긴 한숨을 쉬는 날도 많았지만 서로를 이해하는 데는 상당히 긴 시간이 흘렀다. 우리는 장벽을 뛰어 넘은 사랑을 하고자 많은 노력을 아끼지 않았다.

요즘엔 일부러 TV를 같이 본다. 그 내용을 토대로 대화꺼리를 찾고 또 우리에게 맞는 정보를 습득하기 위해서이다.

한때 남편은 '사랑과 전쟁' 을 한 편도 빠뜨리지 않고 보고 있었다. 기회를 놓치면 재방송을 보거나 어느 날은 다시보기를 새벽에 보는 아주 열렬한 팬이었다. 울고불고 큰소리치는 모습만 봐도 가슴이 뛰었다. 그 프로그램이 무슨 이유인지 종방되었다. 그는 아무런 흥미가 없어 보였다.

상담을 하려면 좋은 사례이니 당신에게 많은 도움이 될 것 같아 시청한다고 했다. 하지만 그런 프로그램보다는 '풍경이 있는 여행' 을 보면서 마치 내가 여행에 동참하는 것처럼 푹 빠져있는 아내를 처음엔 이해를 못했으나 요즘에는 그 시간을 체크하여 시청하라고 도움을 준다.

어느 날 우연히 TV를 켜니 매 맞는 할머니의 이야기가 나왔다. 일흔이 넘은 나이에도 인간답게 살지 못하는 할머니의 일생이 너무 가여웠다.

열일곱에 심심산골로 시집을 와서 먹을 것은 없고 굶기를 밥 먹듯 하다가 남의 집 구정물을 받아 걸러서 죽을 쑤어 일곱 식구가 먹고 살았다하니 얼마나 배고픈 이야기인지 가히 짐작이 가리라 믿는다. 부잣집 며느리는 눈치를 채고 쌀을 씻을 때 일부러 구정물에 쌀을 많이 들어가게 했다는 것이다. 자식들 나눠주고 먹을 게 없으면 바가지에 물을 가득 담아 사카린을 타서 조금씩 나눠 마시고 일주일을 굶었더니 훤한 대낮인데도 불구하고 캄캄한 밤으로 보였단다.

할머니는 할아버지와 결혼하여 결혼생활을 삼백일쯤 하다가  영감이 그만 병을 얻어 20년 이상을 병상에 누워 사셨다고 했다. 쇠약해진 남편의 성질이 폭력적으로 또는 전투적으로 바뀌고 조석으로 변하는 할아버지의 성미가 고약하여 본인의 의지와 상관없이 밥상을 집어던지고 마음이 불편하면 잠도 못 자게 굴고 식사도 못하게 했단다. 밥상이라고 불리울 상은 모조리 다리가 부러지고 밥상이 없어 낡은 소쿠리에 밥을 담아 대신했지만 그 소쿠리마저 내던져 아이들을 제대로 키우지 못해 또래보다 모두들 키가 작다고 하였다. 아픈 사람이 대낮부터 소주병을 찾기 시작하면 온 가족들은 사시나무처럼 떨고 할머니는 견디다 못해 최후의 선택을 하고, 둑에 올라가면 새끼들의 얼굴이 둥둥 떠올라 발길을 돌려 오기를 여러 차례. 살기 싫어도 살아야하는 여인의 삶. “영감은 내 삶을 망가뜨렸어요." 한다. 삶은 단순히 인간을 에워싸고 있는 포장지가 아니다. 우리는 이마를 맞대며, 손에 손을 마주하고, 눈과 눈을 바라봄으로 소통은 시작되어야 한다.

소통의 통로가 막히면 이루지 못한 이들의 몸부림이 시작될 것이다.

할머니는 할아버지와 건강한 삶이 단 일 년 뿐이었다. 나머지 세월은 할아버지를 위한 헌신적인 삶이었다.

우리에게는 세 가지 숨길 수 없는 게 있다.

기침과 가난과 사랑이다. 아무리 참으려 해도 목이 간지럽고 불쑥 터져 나오는 기침은 도저히 참지 못한다. 가난 역시도 그렇다. 하지만 세 번째 사랑만큼은 더 숨길 수가 없다. 사랑이 없는 부부는 얼굴에 표정으로 잘 나타나기에 억지로 미소를 지어도 사랑이 없음을 금세 알 수 있다. 그래서 숨기지 못하는 것을 보게 하려고 신은 우리들의 눈을 흰 부분과 검은 부분으로 만들었나 보다. 어째서 그랬을까. 그 이유는 사람은 약하고 어두운 곳을 통하여 밝은 곳을 강하게 보라고 한 것 같다.

나이 든 부부일수록 서로 사랑하고 일치하여 배우자의 품에서 잠드는 한 마리 작은 새가 되었으면 한다.

# 시제이의 하루

비 오는 날엔 담쟁이 넝쿨 가득 내린 그런 집에 가고 싶다.

음악은 흐르지만 손님이 없어 더욱 더 좋은 그런 집. 창만 조금 보이는 집에 들러 그동안 살아왔던 무거운 짐을 내려놓고 한잔의 추억을 마시고 싶다.

지붕 위에서 떨어지는 낙숫물 소리에 정신을 빼앗겨도 좋을 그런 집에 가고 싶다.

차를 마시고 나서 자신을 지배하고 있는 내면의 나를 향해 당당히 맞서서 대응을 해보고 싶었다.

아들이 보고 싶어 많이 울었다. 일찍 부모 곁을 떠나 공부하러 간 아들이 너무나 보고 싶었다. 광란을 일으키는 마음에 들어가 고요함을 찾으려 얼마나 자신의 에너지를 소모했는지 인생의 오후를 맞이하면서 사건을 만들고 싶었다. 그래서 인터넷에 들어가 음악방송을 독학하였다. 그리고 여성시제이가 되어 전국의 음악 청취자들을 모시고 시낭송과 신간

서적 소개, 올드팝, 발라드를 들려주며 그들과 사계절을 같이 했다.

날이 밝으면 기다림과 그리움이 펼쳐지는 순간 나름대로의 행복을 누리며 살고 싶었다면 억지는 아닐런지. 한때는 힘든 시절도 있었지만 순풍에 항해하듯 늘 봄날 같은 푸르른 날도 있어 인생은 살만한 가치가 있다. 그래서 이왕 사는 거라면 굵고 선명하게 살고 싶었다.

끊임없이 이어지는 고통 속에서도 운명을 바꿔 볼 생각을 하면서 사는 사람은 몇이나 될까? 나의 삶은 아프기 시작하면서 서서히 진화되어 갔다.

새벽에 일어나 무거운 몸을 싣고 서울로 병원을 다니기 시작하면서 오전은 안과를, 오후에는 신경외과를 수년 간 다녔다.

봄에는 산수유와 밤꽃 그리고 자귀나무 꽃이 나를 따라다녔고 가을엔 곱게 물든 단풍과 겨울엔 백설기가 흩뿌려진 길을 수도 없이 다니면서 이런 저런 생각에 잠기기도 하고 먼 곳의 병원을 다니는 부담감보다는 2주에 한번, 한 달에 한번 나를 위한 여행을 한답시고 지하상가의 쇼핑을 즐기며, 시간이 나면 큰 문고에 들러 책과 시디를 구입하고 맛있는 냄새가 폴폴 풍기는 레스토랑에 가서 음식을 시키고 누굴 기다리는 척하며 고즈넉한 분위기에 푹 빠져보기도 했다. 혼자 있는 시간이 많아지면서 통기타와 라이브 음악을 좋아했고 흘러간 팝송에 추억을 더듬으며 즐기다보니 어느 날 인터넷 방송에서 시제이라는 또 다른 이름으로 불리기 시작하였다. 사람들은 "전직 성우였어요?" 하고 묻는다. 분명 나는 방송계 출신이 아니다. 그들이 칭찬하는 소리가 듣기 싫지는 않았다. 왜냐하면 방송하는 시간만큼은 철저한 시간을 지키고 예의를 갖추며 충분한 준비를 하고 그들을 만나기에 가지런한 나의 마음을 보여주었기 때문이다. 젊은 나이에 직장을 잃고 갈 곳이 없어 우연히 들른 음악방송에서 희망을 얻었다는 사람, 젊은 여성들이 시낭송을 즐겨 들으니 참으로 다행이다. 그리고 의사와 교수, 약국에서도 나의 음악을 듣고 의류매장에서도 나의 음악을 올려놓은 날은 매상이 많이 올랐다는 이야기. 식당에서도 내 방송을 듣는다고 하였다. 누가 접속한지는 모르지만 수많은 사람들이 전국에서 나의 방송을 듣고 있어 보이지 않는 하나의 선으로 이어졌다. 내가 며칠 동안 보이지 않으면 혹시 어디가 아픈가 하여 청취자들이 많은 걱정을 한다고 하니 나는 무보수로 음악을 전달하는 사회의 봉사자이다.

두 아들이 크리스마스 선물로 성능이 좋은 컴퓨터를 사줬다. 고가의 신제품 컴퓨터는 아들에게는 부담되는 금액이다. 그러나 엄마를 위하여 엄마가 하고 싶은 취미생활을 기꺼이 도움을 준 아들한테 한없는 고마움을 전하고 있다.

사람들은 자신의 재능이 빛을 못 보고 있음에 대하여 너무

조급해 하지 말아야 한다. 반드시 해내는 사람이 있다. 아무리 평범한 사람도 타인으로부터 인정을 받고 상황에 따라 영웅적 자질을 발휘할 그날이 꼭 올 수 있다.

오늘도 방송시간이 다가왔다.

계절인사와 가슴이 추운 사람들을 위해 마음을 따뜻하게 해줄 음악을 선곡하고 시낭송 몇 개를 올려놓고 나니 기분이 으쓱해 진다.

남녀노소 없이 장르를 초월하여 음악을 사랑하는 모든 이에게 희망과 용기를 심어줄 아름다운 시간을 내게 주신 모든 분들께 감사를 드린다.

그리고 누군가 권했던 나레이터의 꿈을 아직도 접지 못하고 있다.

# 신년을 맞이한 나의 리모델링

신년을 맞이하여 내 마음속의 리모델링을 시작하게 되었다. 퇴색한 마음속의 우중충한 페인트는 완전히 사포질하여 환하고 예쁜 아이보리 색상으로 도색을 하고 구석에 꽂아 둔 꽃은 다시 누름꽃으로 환히 장식을 한다. 인제나 혈액순환이 잘 되도록 모세혈관과 심장은 아주 선홍빛으로 튼튼한 양질의 관으로 교환하고 헐렁한 나사는 조이고 오래 묵은 찌꺼기는 모두 비워내고 새것으로 교체한다. 바닥은 본드 냄새가 없는 친환경 천연 온돌마루로 깔고 그리움이 찾아오면 언제든 국향을 즐길 수 있도록 옻칠의 앙증맞은 찻상을 마련하고 그 옆에는 은행나무 뿌리로 만든 의자를 우아하게 마련하련다. 벽은 소음 제거를 위해 가장 많이 투자할 부분이며 사회 부조리가 넘나들지 못하도록 출입문은 이중 장치를 하고 싶다. 내 마음의 창은 넓은 통유리로 남향으로 하고 그 옆에는 꽃 대궁이 서너 개 올라온 난 화분을 준비하였다. 나의 서재는 가지런한 책 몇 권과 성서 그리고 나의 일기장이 꽂혀 있고 온화한 빛이 감도는 오렌지 빛으로 커튼을 하련다. 언제나 묵향이 스미도록 먹물을 갈아 놓을 것이며 색 고운 한지도 갖다놓으련다. 누구나 찾아오도록 오후에는 완전 개방할 것이며 그들에겐 내가 달인 그윽한 향이 머무는 연차를 대접하리라. 그들이 편안하게 앉을 수 있는 방석은 햇솜을 틀어 목화솜으로 두껍게 만들어 자수를 놓으련다. 음악은 국악으로 하되 들릴 듯 말 듯하여 그들 가슴속을 흥건히 녹아내리게 하리라. 현관 입구에 산당화를 심어 그 위에 풍경을 달아 맑고 고운 소리와 향기의 만남을 주선해 주고 싶다.

마음이 통하는 친구들이 찾아오면 쫀득거리는 국수를 삶아 갖은 양념을 넣어 육수를 만들고 양념한 쇠고기 위에 홍고추와 치자전을 얹어 통깨와 실백으로 멋을 부린 후 김치는 새 통에서 꺼내 놓고 새콤한 동치미 한 사발과 고소한 참기름 양념장을 만들어 준비하련다. 다정한 친구들과 수다를 떨다 해가 꼬리를 감추면 친구들은 제각기 흩어지고 나는 뜨거운 꽃차를 한 잔 놓고 곶감을 찾겠지. 새해가 오니 핑크빛 수첩을 펼쳐 수첩에서 지워야 할 이름 석 자 그리고 다시 입력해야 할 사항들을 적어 내려가겠지.

그리고 영혼의 쉼터를 찾아 마음을 바꾸고 묵상을 할 것이다. 안개에 가려진 애련한 눈을 바라보며 아름다운 여인의 몸을 가꾸는 시간을 아끼지 아니 할 것이다. 그 아름다움은 사람을 매혹하지 않는 한겨울의 차고 습습한 냄새처럼 말이다.

햇살이 고운 날 음악방송을 들으며 마지막 단계인 리모델링을 마치는 날 찬바람에 문풍지처럼 떨고 있는 나는 그 부족함을 메우기 위해 나의 멘토를 찾아 나설 것이다.

제2부

# 내 마음의 보석

# 밤하늘의 꽃 초롱

자정이 가까운 시간에 전화벨이 울렸다.

밖에 나간 가족들이 있기에 귀를 기울였다. 밝고 힘찬 목소리로 주이가 말했다. “우리 엄마 시험에 합격했어요”

잠에서 깨어 그 소식을 전해 듣고 어린아이가 얼마나 좋으면 이 시간에 연락을 했을까.

한 해 동안 아이들을 맡아 지도하면서 정이 새록새록 들어 가족처럼 서로의 안부를 물으며 지내왔던 관계가 되고 말았다. 눈빛으로 조용히 다가와 하루의 기분을 살피는 주이. 일 년 내내 그 아이 덕분에 나의 하루는 언제나 풀 먹인 하루였다.

밤하늘에 걸어 논 꽃 초롱처럼 주이는 어김없이 다가와 날마다 오미자즙 한 병을 가져다주었다.

맞벌이하는 부모의 심성을 닮아 얼마나 예쁘게 교육을 받았는지 책상 위에 올려놓고 말도 없이 가버리곤 했다.

어느 날 책상에 엎드려 울고 있는 주이를 발견하고 아이들이 달랬지만 아이는 울음을 그치지 아니하고 나를 보자 더 큰 목소리로 울어댔다.

여름철에 가만히 있어도 땀이 나는데 아이가 우니 더 정신이 없었다.

울지 말라고 달랬으나 울음은 쉽게 그칠 기세가 아니었다. 참지 못해 앞에 나와 서 있으라고 했더니 앞에 나온 주이는 "아빠, 아빠" 하면서 더 큰 소리로 울지 않았던가. 참 어이가 없었다. 그러나 꾹 참고 다시 물었더니 주이의 대답은 이랬다.

매일 아침마다 아빠가 오미자 즙을 챙겨주는데 그날은 아버지가 챙겨주지 않아 속상해서 운다고. 선생님께 날마다 드리고 싶었는데 아빠가 비상이 걸려 새벽에 출근했다는 것이다.

그해 여름 너무나 아팠다. 수업 도중 갑자기 목이 타오르며 혀가 말리고 큰소리로 말해도 말은 입 속에서 녹아버리고 밖으로 나오지 않았다. 잠시 그러다 말겠지 했지만 시간이 흐름에 따라 더욱 상태는 심해졌다.

병명은 역류성 인후두염으로 위산이 역류하는 것을 막아야 한다고 했다. 후두의 긴장을 풀어주어야 하므로 말을 많이 하지 않아야 하니 수업을 못하게 됐다.

날마다 목에 뭔가 걸린 듯한 느낌이 오고 아침에 일어나면 목이 쓰리고 아프며 목이 쉽게 잠기고 목이 조이는 듯한 증상이 왔다. 갑자기 그런 현상이 오니 '음음' 하면서 아무리 목소리를 가다듬어도 개운치 않아 늘 옆에 물통을 차고 다녀야 했다.

이를 본 주이는 집에 가서 이야기를 했는지 두 달 동안 거의 빠짐없이 오미자즙을 가져오고 항상 수업마칠 때까지 나의 곁을 떠나지 않았다.

아홉 살인 그 아이가 나의 보호를 받아야 함에도 불구하고 나를 보호하는 보호자 노릇을 한 셈이다. 누구나 하고 싶은 말을 전하지 못 할때 그 불편함을 생각해 봤을까?

종합병원에서 11개월 동안 약을 복용하였으나 아무런 차도가 없어 모든 생활을 접기 시작했다. 그토록 하고 싶은 시낭송을 접고 선화의 횟수도 누구와의 대화도 많이 줄이고 목을 편하게 할 음식과 좋은 공기를 찾아 날마다 쫓아다녔다.

어느 날부터 목이 좋아지기 시작하였다. 주이의 따뜻한 손으로 날마다 가져다주는 오미자차가 나의 목소리를 되찾아 주었다. 그 후 주이는 딸과 같은 정을 느끼게 되었다. 환경정리도 공개 수업날도 주이는 늦게까지 날 도와주었고 내가 준비하는 동안 옆에서 물끄러미 쳐다보며 자신도 선생님이 되는 게 꿈이라고 말했다.

뭘 먹고 싶냐고 몇 번을 물어도 대답을 안 하는 그 아이가 벌써 중학교에 갈 나이가 되었다. 지나간 모든 것을 지워야 하는데 주이 이름은 지우지 못하는 이유가 있다. 개망초가 하얀 벌판을 흔드는 날 보고 싶어 전화를 했으나 수업 중인지 전화를 받지 않는다.

잠시 후 일반전화가 걸려왔다. 주이의 아버지였다. 얼마나 반가운지 갑자기 나의 목소리가 커졌다. 주이의 전화번호를 알려주셨다. 떨리는 마음으로 번호를 누르니 전원이 꺼져 있어 소리샘으로 넘어간다는 멘트가 나온다. 첫사랑의 진동만큼 가슴의 모든 부분을 두드린다. 감히 어른들은 흉내조차 낼 수 없는 맑은 영혼을 오래오래 간직하길 바라면서 자정이 아닌, 꼭두새벽이라도 전화해주길 바란다.

# 여인의 눈물

그 길은 뒤돌아보면서 가야만 하는 길이다. 뒤를 돌아보면 내가 걸었던 길에 새겨진 발자국들이 보인다. 선명하게 새겨진 것들이 있는가 하면, 희미한 것들도 있다. 봄에 새겨진 발자국이 있는가 하면, 여름과 가을 그리고 겨울에 새겨진 것들도 있다. 그것들은 계절에 따라 그 모양들이 다르게 새겨진다. 가끔 걸어온 길을 보노라면, 그리 멀지 않은 곳에 아련하게 피어나는 발자국들이 보인다. 삶을 통하여 만남과 헤어짐을 빼버린다면 무엇이 남아있을까? 성숙한 여인이 되기까지 함께 걸었던 발자국이다. 안경을 쓰지 않아도 보이는 거리에 한 사람이 있고, 그 뒤 얼마큼 떨어진 곳에 또 한 사람이 있다. 그리고 다른 한 사람은 바로 가까이에 있으면서 나와 함께 그 길을 걷고 있다.

길을 거닐 때마다 눈물이 고인 발자국은 달빛에 더욱 빛이 난다.

이렇게 아름다운 신록이 넘실거리면 생각나는 사람들이 눈 앞을 가려 넘어질 것 같다.

어린 소녀가 물이 오른 꽃봉오리처럼 어여쁜 여자로 되기까지 많은 분들의 아름다운 발자국들이 새겨져 있다.

그 후 여자가 성장하여 여성이 되기까지 생물학적인 차이점을 가지게 되며 여성에게만 특권이 주어지는 능력을 수행하며 참다운 여성의 발자국들이 가슴에 머리에 새겨져 있다.

여성이 곱게 나이 들면 어엿한 여인으로 정착을 한다. 얼굴이 고운 여인(麗人)이 아닌, 어른이 된 여인(女人)으로 살아가고 있다.

어느 자리에서나 수려한 모습이며, 있으면서도 없는 듯 소리가 나지 않는 깊은 강물처럼 사랑이 흐르는 여인이다.

며칠 전 수필가 선생님이 작고하셨다는 소식을 전하며 그 여인은 속눈썹을 적시며 떨고 있었다. 내가 수필을 쓰게 된 동기가 바로 그 선생님 영향이 컸기 때문에 둘이서 '한 방울의 눈물'을 발자국에 새기며 오늘도 여정의 길을 거닐고 있다. 앞으로 가야할 길에 얼마나 깊은 발자국들이 새겨질지 모르나 삶이 너무 힘겨워서 슬퍼지는 날에 그분들의 발자국을 찾아 힘을 얻고 있다.

좋아하는 발자국들이 희미해질까봐 깊은 밤 잠을 이루지 못한다. 내 몸이 언젠가 시들어 버리겠지만 나를 위해 초록

잠에 빠진 이들을 태운 수레를 포기하지 않고 끝까지 끌고 가고 싶다.

내 안의 빈 곳을 채우기 위해 수많은 발자국들이 토해낸 한숨 소리까지 놓치지 않고, 그들의 따뜻한 웃음과 존경하는 눈빛을 찾아 끝까지 헤맬 것이다.

# 팔찌

밤이 까맣게 익어가는 밤. 손바닥만 한 텃밭의 풀이 웃자라 걱정이 되었던지 야밤에 풀 뽑으러 가잔다. 자정이 가까운 시간 무슨 난리가 난 것도 아닌데 굳이 이 시간에 나가자고 하는 속셈을 모르겠다. 달갑지 않은 얼굴로 무장을 하고 나가다 이웃을 만났다. 나의 복장이 어울리지 않았는지 길가에서 한참을 웃는다. 장마에 잡초가 웃자라 심란한 밭이지만, 우리는 매일 흙을 매만지며 삶을 디자인한다.

배가 불룩 나온 그는 풀 뽑는 것 마저 면제를 받는다. 하는 일이 눈에 거슬려 참지 못하고 먼저 호미로 풀을 매면 장승처럼 서서 구경만 한다. 그런 그가 오늘은 밉다. 출근 후 손톱 밑의 까만 때를 발견하고 농사를 짓지 않겠다고 결심을 하였지만, 무 농약으로 채소를 키워 그의 밥상에 올릴 걸 생각하면 맥없이 좋은 기분이 든다. 내가 사서 하는 고생이라 말도 못하고 무릎이 아파도 구부리고 앉아 풀과의 전쟁을 벌이다 그만 금으로 만든 묵직한 팔찌를 잃어버렸다.

풀이 목에 걸고 갔는지 땅 속에 묻었는지 금팔찌는 아무 말이 없으니 너무나 아깝고 속상했다. 금팔찌는 보이지 않고 흙을 파면 팔수록 자갈만 나왔다.

자갈은 이렇게 말하였다. "팔찌는 다시 살 수 있지만 여정의 동반자는 쉽지 않다"고. 그대를 그리워하며 살아야 한다고, 이 마음 다 바쳐서 살아야 한다고 했다.

갈대는 온몸이 흔들리도록 울었지만, 갈대는 저를 흔드는 것이 바람인 것을 까맣게 잊고 있었다는 싯귀를 좋아한다. 그래서 햇살에 그을려 예쁜 손이 아니더라도 그 사람을 위해 내가 키운 채소로 하루 한 끼라도 나의 정성을 다하여 디자인한 요리를 해주고 싶었다.

아직도 열기가 식지 아니한 밤. 대자리에 나란히 누웠다.

그랬더니 느닷없이 하는 말. "난, 당신이 너무 좋아. 그래서 나는 다시 태어나 또 다시 당신 만나 결혼할 거야." 라고 한다.

삼십 년 동안 살아 준 것도 어디인데 또 다시 만나자고? 싫다고 했다. 그랬더니 평생 여왕대접을 해준다고 했다. 아무리 그날들이 행복할지라도 단 하루 폭풍처럼 몰아치는 아픔이 얼마나 가슴을 도려내는지 그는 모른다.

부부는 뭘 먹고 사는가? 같은 방향을 향하고 산다는 게 얼마나 어려운 일인가?

서로가 다른 환경에서 성장하여 많은 차이가 있음에도 불구하고 우리 부부들은 애써 참으며 닮은꼴로 살아가고 있다.

얼마 전 친구는 남편을 멀리 보냈다. 보낸 게 아니라 본인이 서둘러 사랑하는 아내를 남겨두고 먼저 저 세상으로 떠났다. 평소 약주를 즐기는 탓에 미운털이 박힌 남편을 보내고 그녀는 정신을 차리지 못하고 있다. 친구의 집은 고층인데도 불구하고 햇빛이 들어오지 않고 눅눅한 서러움만 구석구석 고여 있었다. 우편함을 열어보니 우편물은 가득한데 친구는 며칠째 전화를 받지 않는다. 손전화도 신호만 가다가 저절로 힘에 겨워 끊어지고 말았다. 이웃에 누가 사는지조차 무관심인 요즘 사회. 친구의 집은 며칠째 침묵 중이다. 속절없이 부는 바람 속에 근심 걱정은 더 나부낀다. 어디를 갔을까?

사랑하는 이를 땅에 묻은지 일 년이 지났지만 시간이 흐를수록 금방 들어 올 것만 같아 문도 잠그지 못하고, 식사할 때도 앉아서 기다리는 날이 많았다던 긴 기다림.

친구는 잠수하고 말았다. 반짝이는 세단차도 같이 없어졌다. 오늘도 친구 집 우편함을 열어봤다. 손을 넣어보니 우편물이 없었다.

그렇다면 돌아 온 것이 분명하다. 떨리는 손으로 초인종을 누르자 친구는 나를 안고 복도가 울리도록 엉엉 슬피 울었다. 남편이 보고파 한없이 헤매다 왔다고 한다.

육신의 아픔은 약이 있지만 피폐해진 정신은 치유의 방법이 없다. 나의 지인들이 하나 둘씩 배우자를 보내고 있다. 청첩장에 공란이 있으면 왠지 뭔가 기입해야 할 것이 빠진 것 같다. 그래서 마음 한 구석을 멍들게 한다.

모두가 떠나버린 지금. 그들이 앉았다간 자리는 모두 그리움으로 가득 차 출렁인다.

조금만 더 잘해줄걸, 조금 더 챙겨 줄걸.

어김없이 찾아온 새 날. 가슴이 싸아하니 아파 온다. 그리고 생각한다. '잃어버린 팔찌보다 훨씬 귀한 게 내 남편이라고' 남편 없이 살아간다 해도 후회가 없도록 최선을 다해야 한다고. 먼 길을 보내기 전 배우자의 약점까지도 전부 수용할 수 있는 사랑이어야 한다고.

# 가장 아름다운 관계

키 작은 쥐똥나무가 하얀 꽃을 피울 때면 그 향기가 진동하여 하늘과 바다가 손잡고 내 가슴으로 달려온다.

내 인생의 표지판이 되어주신 오빠가 있다. 가슴 속 구석구석 그리움이 너무나 많다. 그리움은 가슴 깊이 자리하지만 아직도 그분께 할 말을 다 못하고 약속한 세월은 푸른 잎을 변하게 하여 씨를 맺게 하고 있다. 아버지의 빈자리를 채워주신 오빠이기에 그분을 보면 숙연해진다.

환절기만 되면 감기를 많이 앓았다. 오빠는 나를 안고 약을 삼키라 하였지만 내 입으로 삼키기엔 너무나 크고 길쭉한 약이었다. 삼키지 못하고 물만 다 마시고 노랗게 변해버린 하늘을 향해 울어대는 여동생을 보고 안타까워하는 그 모습은 지금도 잊을 수가 없다. 손재주가 좋아 손수레를 만들어 태우고 고샅을 끌고 다니며 나를 깔깔 웃게 했던 오빠, 방학이면 찰흙을 빚어 한 달 내내 그늘에서 말리게 하여 삶의 인내를 가르치신 오빠.

촘촘한 참빗으로 추억을 빗질하듯 오빠 생각을 더듬어 본다.

그 당시는 초등학교 다니다 말고 친척집에 애기 보러 학교를 중단하는 어려운 시절이었다. 세끼의 밥을 해결하지 못하고 풋보리가 익어갈 무렵이면 새순이 올라온 솔가지를 비틀어 진을 빨아 먹고 야산의 삘기를 뽑아 먹으며 허기진 배를 채웠다. 그런데 오빠는 시골에서 전주로 유학을 시켜 공부를 하게 했다. 친구들은 돈이 없어 하숙을 못하고 연탄가스가 새어 나오는 판자촌에서 거처를 했지만, 난 오빠 덕분에 대궐 같은 한옥집에서 호강스런 하숙을 했다.

스물다섯을 갓 넘긴 오빠가 누이를 교육시키면서 학업에 전념하도록 호소력 있는 편지를 보내오곤 했다. 그럴 때마다 선생님과 친구들은 나를 부러워했다.

주말이 다가오면 집에 갈 생각에 칠판은 엄마 얼굴과 오빠 얼굴로 가득 차 수업을 하는 둥 마는 둥 하고 버스에서 내리면 오빠는 오토바이에 주렁주렁 반찬거리와 과일들을 가득 싣고 누이 맞을 준비를 했다.

어느 여름 날 오빠는 버스정류장까지 나왔다. 우리 집의 유일한 자가용인 오토바이에 나를 태우고 집을 향해 달리는데 소나기가 쏟아졌다. 비가 머리를 사정없이 때려도 후려치는 아픔도 아랑곳 하지 않은 채 신나게 논길을 달렸던 남매의 추억. 그처럼 아름다운 그림이 또 있을까.

수업료를 기일 내에 납부하지 않으면 칠판에 이름이 적혀지고 교무실로 불려다녔던 시절이었지만, 수업료, 하숙비 그리고 용돈을 주시면서 한 번도 언짢은 표정을 보이지 않았던, 늘 내 맘이 편하도록 웃음을 잃지 않았던 우리 오빠. 납부 일을 어긴 적이 없었다.

오빠가 결혼한 그 이듬해 휴가철을 맞아 난생 처음 덕적도로 휴가를 떠나게 됐다. 눈치코치 없이 오빠를 따라나섰는데 3박 4일 동안 아내보다 어린 동생 보호하는 일에 더 신경을 썼다.

시집 가는 날 오빠의 두 눈에 물기가 고이기 시작했다. 그리고 백지에 먹물이 튕기지 않도록 시어른 모시고 잘 살아야 한다는 말만 남기고 자리에서 일어났다. 신부입장 때 오빠의 얼굴을 그리며 얼마나 울었는지 쓰러질 것만 같은 나를 신랑이 다가와 버팀목처럼 기대라고 어깨를 밀어준 사진이 지금 봐도 우습기만 하다.

세상을 착하게 살아온 오빠. 오빠는 언제나 국어사전을 옆에 끼고 살았으며 동생들을 쭉 앉혀놓고 용돈도 가끔 잘 주었다.

그처럼 곧은 성품과 우리를 알뜰히 보살펴 줬던 오빠가 이제 칠순을 앞두고 있다.

이즈막엔 뒷모습을 보이는 시간이다. 이제 열아홉의 가슴이 아닌 칠순이 가까워진 나이에 진홍빛으로 꽃을 활짝 피우기를 누이는 바라고 있다. 옛 추억은 세월이 흐를수록 빛을 강하게 품는다. 가슴 속에서 꺼낼 때마다 더욱 선명해지는 오빠와의 추억들이 밀물처럼 밀려와 내 가슴을 적시고 있다.

저 출산 문제로 남매의 아름다운 추억이 사라지고 있는 요즘, 세상에서 가장 빛나고 아름다운 값진 자리에 오빠를 모시고 싶다.

# 내 마음의 보석

추수를 끝낸 황량한 들판에 서 있는 나를 갈바람은 내장까지 훑어내고 있다.

누런 풀잎조차 일으켜 세우지 못할 바람과 함께 가을앓이를 심하게 마친 하늘은 질펀하게 누워 있다. 냇가에도 산 위에도.

마른 풀씨를 뽑아 공중에 날리며 아들의 손을 맞잡고 얼마 전에 읽은 〈나무를 심은 사람〉에 대해 이야기를 시작하였다.

엘제아르 부피에의 35년이란 긴 세월 동안 묵묵히, 그리고 혼자의 힘으로 씨앗 뿌리기가 황폐했던 땅 위에 희망과, 사람들로 활기가 넘치는 환경을 만들어 주었으며, 한 늙은 양치기가 불가능한 고지대에 들어가 나무를 심는 내용이다.

양치기를 만나서 그 집에 잠시 머무는 동안 양치기를 곁에서 지켜본 결과 그가 하는 일은 매일 꼼꼼히 건강한 도토리만을 골라 백 개씩 담고 그것을 황무지에 쇠막대기로 구멍을 내고 심는 일, 혼자 십만 개도 넘는 씨앗을 심고 전쟁이 한창 진행 중일 때는 떡갈나무를 심었다. 황무지는 점차 울창한 숲으로 변화되었다. 물이 말랐던 개울에 물이 흐르자 떠났던 마을 사람들이 돌아와 살기 시작했다는 이야기로 끝맺음을 한다.

모든 사람들은 가지 않은 길보다는 사람들이 많이 다니는 길을 좋아한다.

아버지의 영향인지는 모르나 두 아들은 평범한 일보다는 새롭고 남이 하지 않는 일을 즐겨하기에 안쓰럽고 마음이 놓이지 않는다.

눈물나는 따뜻한 사랑과 취미활동을 접고 오직 학업에만 열중했던 아들과의 만남은 일 년에 고작 두어 번 정도. 아들의 손을 잡고 간 곳은 아주 한적한 시골의 오리전문점이다. 나이 드신 할머니가 혼자 요리를 하는데 요즘은 손님이 많아 며느리와 함께 하고 있었다.

반찬은 그야말로 시골 밥상이다. 된장 속에 넣은 깻잎, 백김치, 마늘장아찌, 깍두기, 양배추 김치와 오이 고추가 맛깔스럽게 기다리고 있었다.

집에서 직접 키운 오리의 가슴을 열면 보석처럼 대추, 은행, 밤, 마늘, 찹쌀, 콩 등이 들어 있어 손대기 아까울 정도라서 보기만 해도 침이 고였다.

가족은 멀리 있으면 눈물이 나고 보면 화가 난다고 했던

가? 그래서 마주보면 서로 싸우게 되니 한 방향을 바라보고 살라 했는가?

우리 가족은 각자 따로 집을 가지고 살고 있다. 이렇게 만나 식사한지도 꽤 오랫만의 일이다. 객지 생활하는 아들들은 엄마가 해주는 음식을 먹고 싶어 하지만, 그와 나는 자연 속의 맛있는 집에 가서 별미를 권하고 싶다. 가위솜씨가 좋은 그가 오리부위에 따라 접시 배당이 시작되었다. 다리 두 개는 두 아들한테 옮겨졌고 지방이 적고 먹음직한 가슴살은 나에게  그리고 목과 갈비는 그의 몫이었다. 못 마땅한 배분 때문에 난 들었다 놨다 했지만, 한 번도 그는 내 말을 들어주질 않았다. 조기, 삼치구이도 중간 토막은 언제나 내 앞에 가져다주는 자상함이 있었다. 도란도란 식사를 마치면 두 아들은 멀리 떠나간다. 어머니와 자식 관계를 누가 만들어 놨는가?

헤어질 시간이 다가오자 온몸에 힘이 빠진다. 우리 가족 대신 거센 바람이 열어진 창틈으로 계속 재잘거린다.

내 가슴에 멍이 들었는지 자식을 보낸 후 아프기 시작하였다.

안절부절 못하는 나. 거실을 말없이 거닐어도 주방의 찻잔을 맥없이 이쪽저쪽으로 옮겨도 내 마음은 허허롭다.

십 년을 넘게 객지에서 살아 익숙해진 줄 알았는데, 내가 지금 앓고 있는 이 아픔은 그 누구도 모른다. 〈나무를 심은 사람〉을 들려준 엄마의 속셈은 이러하다.

네가 지금 하고 있는 일을 간절히 바라면 반드시 이루어진다. 그리고 이 책의 보이지 않는 치유법이 네 핏줄을 타고 네 영혼에 이르게 된다면 삶의 전환점이 될 것 같아 보석같이 빛나는 깨달음을 억지가 전혀 없는 이야기였다고 말해주고 싶다.

생명 자체에도 이미 출생이라는 시작이 있고 죽음이라는 끝이 있다. 뿐만 아니라 사랑과 우정, 만남과 이별, 영광과 고통에도 모두 제 각각의 시작과 끝이 있다. 그러나 오로지 그 시작과 끝을 헤아리기 어려운 것이 있으니 바로 자식을 사랑하는 어머니의 마음이다.

어머니의 사랑은 내가 태어나기 전부터 시작되어 한평생 계속되고 어머니의 삶이 끝난 후에도 내 마음속에 오롯이 살아 있으니 도대체 시작과 끝을 어디서 매듭지어야 할지 모를 일이다.

또 다시 하늘을 올려다본다. 전신 마취에서 깨어난 것처럼 말랑말랑 반죽한 구름이 여기저기에서 둥둥 떠다닌다.

내 마음속의 보석은 형형색색 아름다움으로 영원하리라.

# 그대 가슴에 빨간약

밤새 내린 비로 풀잎들은 빗방울 목걸이를 달고 모두들 환히 웃는다.

시아버님이 부르셨다. 결혼하여 십 년을 모시는 동안 가장 무섭게 야단맞은 기억이 있다. 시동생이 입대를 하게 되어 나름대로 정성껏 반찬을 만들어 초대했다. 용돈과 정성이 듬뿍 담긴 선물도 마련하였다. 심한 입덧에 걸음도 제대로 걷지 못하는 몸을 이끌고 나름대로 해서 보냈건만, 아버님은 큰며느리인 나를 나무라셨다. 이유인즉, 입대하는 당일에 오지 않았으며 어머님 혼자 아들 방을 청소하다 몸살이 났다고 했다. 어머님이 왜 자리에 누워 아무 말도 안하시고 며느리가 소리 내어 울만큼 꾸중을 들어도 고개를 돌린 채 두 눈을 감고 계셨는지 알지 못했다.

24년이 지난 오늘 강원도로 떠나는 아들의 손을 잡고 이슬 맺힌 풀섶을 헤치며 시부모님 산소에 갔다. 그리고 혼자 용서를 청했다. "아들 군에 보내게 되니 어머님의 마음과 아버님의 마음을 이제야 알게 되었습니다." 라고…….

그때 부모님한테 꾸중 들은 사실을 24년이 넘도록 남편한테 말도 못하고 혼자 울었던 기억이 너무나 선명하게 되살아났다. 어머님은 막내아들을 보내면서 속으로 얼마나 우셨을까 생각하니 그때의 난 너무나 철이 없었다. 아니 어깨와 가슴에 번쩍거리는 장교계급장이 부러웠을 뿐이었다.

아들이 성장하여 시동생이 달았던 장교 계급장을 달고 강원도로 떠났다. 줄이 없는 악기처럼 본성을 잃고 그이와 아무 말 없이 시내를 빙빙 돌다 윤호관에 갔다. 아무런 느낌이 없었다. 차라리 아무 것도 보이지 않았다는 말이 옳을 것이다.

이번 김 일병의 총기난사 사고와 관련하여 국민의 한 사람으로서 아니 두 아들을 군에 보낸 어머니의 입장에서 환한 미소 대신 며칠을 울어야 했던 일이 날 더욱 힘들게 했다. 이번 사고와 관련하여 더불어 사는 사회가 얼마나 중요한지 올바른 사회성을 심어주는 것은 부모들의 몫으로 생각한다.

그래서 입대하는 아들을 앉게 한 다음 큰절을 하게 했다. 약간 쑥스러운 얼굴로 남편과 나를 향하여 바닥에 엎드려 공손히 큰절을 올리는 아들. 나의 몸이 파르르 떨렸다. 아들의 가슴과 머리속에 새겨줄 말은 너무나 많은데 시작이 잘못되면 아니 이 엄마가 울기라도 한다면 제대로 전달이 안 될 것 같은 우려에 길게 심호흡을 한 다음 또박또박 말을 이어갔다. "네 인생은 네가 책임지도록 해라. 물론 이 어미가 너를 귀하게 키웠듯이 너의 소대 병사들도 귀하게 여겨라. 네 손에 든 리더의 역할이란 책을 보니 네가 더 잘 알고 있으리라 믿는다." 고 말하니 아들은 두 손을 모으고 고개를 끄덕였다.

물질만능주의의 급물살을 타고 사는 우리 젊은이들, 급박한 상황까지 몰고 가는 이유는 어디에 있는가? 스스로 자제할 줄 모르고 문제해결을 위해 노력 대신 도피하거나 자포자기하는 행위는 무엇일까? 제발 심약하지 않은 대한의 남아가 되길 바라는 마음이다. 오류의 어둠에 떨어지는 일 없이 강한 빛으로 살기를 바란다. 광야로 내보낸 자식은 콩 나무가 되었고 온실로 내보낸 자식은 콩나물이 되었다는 콩씨네 자녀교육이 생각난다.

그래서 눈물을 닦고 재래시장에 갔다. 그곳에 가면 삶의 생동감을 느낄 수 있기 때문이다. 남편은 식구도 없는데 오늘 같은 날 뭔 김치를 담그느냐고 했지만 난 장마핑계를 댔다. 가시가 돋은 싱싱한 얼갈이 한 다발을 사고 초롱 무도 샀다.

나의 속마음은 이제껏 자식들을 위해 희생 봉사하고 살아왔으니, 나머지 인생은 남편을 위해 다시는 없을 사랑과 행복을 위해 어여쁜 꽃 대궁을 피우며 살고 싶었다.

두 아들은 제각기 다른 곳에서 열심히 군 복무할 것이니 이제는 가족들을 위해 검은 머리가 은빛으로 물든 꼿꼿하고 의연한 그이를 위해 내가 나서야할 때다.

이제 얼갈이 배추김치가 잘 익어 가면 그이를 위해 푸른 완두콩 듬성듬성 놓인 뜨거운 밥에 무김치와 곁들인 맛난 식사를 기대해 본다.

푸른 대지를 향해 쏟아 붓는 사랑의 비가 가슴을 적신다.

어린 시절 산불에 교복을 태워버린 그이 이야기도 들어가며 조기를 구워 한잔 술을 대접해야겠다. 오늘 밤은 그대 가슴에 빨간 약을 칠해 주어야겠다.

# 내 안에 숨겨진 바다

단풍이 퍼덕이는 날 우린 진주혼식을 맞이하였다.

30년을 살아오는 동안 다른 부부보다도 많은 인내와 보살핌을 필요로 했다.

나란히 한 곳을 바라보며 초점을 맞추는 일이 쉬울 것 같았으나 힘들었다. 30년 전 그는 대기의 온도에 변함없이 널찍한 가슴을 가진 건강한 남자이었다. 항상 패기가 넘쳐 그가 들어오는 골목길에선 강아지도 고개를 숙이고 다소곳한 자세로 그를 맞이하곤 했다.

유달리 키가 크고 몸집이 좋은 사람이나, 매력적인 얼굴이나 다른 배경이 있어 선택한 것은 아니다. 그러나 30년 만에 고백하건대 그 사람의 직업이 좋아 결혼을 했다.

녹내장으로 시력이 약해졌을 때, 비가 온 다음날엔 혼자서 밤길을 가지 못하여 누군가의 도움이 필요한 적이 있었다. 길 전체가 부옇게 보여 지면의 고저를 판가름할 수가 없기 때문이다.

그해 어느 여름날, 나는 등이 넓은 남자에게 업혀 길을 건넜다. 많은 사람들이 우릴 바라보았다. 부끄러워 고개를 숙이고 빨리 내려 놔 달라고 꼬집어도 더욱 힘차게 걸어갔다. 나를 지켜주는 그가 고마웠다. 이전에는 그를 그대로 보지 않고 나의 편견으로 그를 판단하고 단정해버렸다. 내가 아플 때 길의 안내자가가 되어 나에게 건강한 눈을 되찾아 주고자 애쓴 그를 향해 표현할 수 없는 언어가 나에게 있다. 그 사랑은 고귀하고 아름답기에 어떤 말로도 표현하기가 쉽지 않다.

항상 자리에서 일어나면 "잘 잤어?" 하는 말이 싫은 날도 있었다. 기분이 상쾌하면 "응, 당신도 잘 잤어?" 대답 하지만 대개는 아무 말도 하지 않고 주방으로 나와 버리는 나를 바라보며 그는 한숨을 쉬었다. 그래도 눈을 뜨면 언제나 내 곁에 있어 주어 얼마나 고마운지 모른다.

남편의 마음에 수도 없이 조각칼을 댄다. 나에게 필요한 남편만 남겨놓고 필요치 않은 부분을 사정없이 깎아버린다. 왜냐하면 남편의 마음이지만 좋은 면을 발견하면 남겨두고 싫은 면은 가차 없이 자르고 깎아낸다. 그 고뇌와 아픔을 견뎌야한다.

내 삶속에 들어와 있는 그는 이미 나의 스승이다. 세상을 바라보고 아무리 외쳐대도 세상은 변하지 않는다. 나 자신을 변화시키고 내 생각을 조금 유연하게 한다면 어떤 상황이든지 개선되기 마련이다. 분명 내 가슴이 변해야 사람이 변하고 사람이 변해야 모든 일이 변화하나보다. 30년 세월이 함께 살아가는 지혜를 하나 씩 하나씩 가르쳐 준 셈이랄까.

그땐 가을이 우리에게 인생의 첫발을 주었는데 이젠 우리가 가을 속으로 달려간다. 나는 작은 사람 당신은 큰 사람. 당신이 내 안에 숨겨진 바다를 보고 싶어 하길 바란다.

# 망초꽃 닮은 울 엄마

질퍽한 밭두렁에 납작하게 엎드려 뿌리내린 냉이를 뽑다가 끊겨버렸다. 어릴 적 우리들에게 나물국을 해주시며 정월 대보름 안에 나물국 세 번만 먹으면 황소 한 마리 먹는 효과가 있다고 하셨다. 설을 맞이하기 위해 보름 전부터 아랫목의 술 단지는 이불을 뒤집어 쓰고, 마당에는 구멍 난 멍석을 깔고 절구에 찧어진 기왓장가루를 가는 체에 걸러 어머니는 놋그릇을 닦으신다.

차례를 지내기 위해 명주옷은 모두 뜯어 윤기나게 풀을 먹여야 하고 인두와 다듬이 방망이로 멋들어지게 손질하여 밤새 바느질하시던 어머니.

섣달 그믐날 천정의 거미줄을 걷어내고 설을 깨끗한 환경에서 쇠기 위하여 집 안팎을 청소하고 손질했다. 정월 초하룻날 재강수를 마련키 위해 밤새 졸면서 어둠을 털어내며 우물로 간다.

아무도 떠가지 않은 샘물을 제일 먼저 떠와야 했던 아주 치열한 경쟁. 날이 밝으면 차례를 지내고 집안의 쓰레기는 재수가 새나가지 않도록 초열흘까지 대청마루의 부대에 담아 보관한다. 애들은 밖에서 뭔 소리가 나면 침을 발라 창호지 문에 구멍 내어 들여다 보지만 창호지 문도 재수구멍 막는다는 이유로 황소바람이 들어와도 그냥 놔둔다. 초사흘이 되면 고사시루에 불을 밝히고 집안의 운수대통과 우환을 막아 달라고 빈다. 여성들은 초닷새가 되도록 남의 집 방문을 금기시했던 그 시절. 드디어 정월 열나흘이 되면 댓불을 놓으며 그동안 모았던 쓰레기도 같이 태운다.

소녀시절 김이 모락모락 나는 가래떡을 머리에 이고 자라목 같이 들어가도 참고 또 참으며 호래기 산을 오르던 힘겹던 그 시절. 시오리를 걸어 마루에 내려놓으니 머리가 멍하다. 눈물이 소리 없이 흘렀다. 고생하시는 울 엄마 조금이라도 짐을 덜어드리려 눈물을 흘려야 했던 가래떡의 사연을 오빠 언니들은 알고나 맛있게 먹었는지 궁금하다. 그날 밤 삭정이를 아궁이에 밀어 넣고 활활 타오르는 불빛을 바라보며 곱게 익어가는 어머니의 눈망울을 기억한다. 지금도 산처럼 큰 어둠이 내리면 어머니가 생각나 빈 들에 무성하게 피었던 망초꽃들을 바라보는 습관이 있다. 어머니도 내 나이 같은 꽃처럼 아름다운 시절이 있었으련만 지금은 구순이 넘어 추억 속의 영화 한 장면 주인공으로 자리한다.

# 팔월의 석양

어느 날 퇴근길의 일이다. 초록이 반짝이는 석양에 가족들이 들뜬 기분으로 깨끗하게 단장한 차 안에 짐을 가득 싣고 여행을 준비하는 모습이 너무나 행복해 보였다.

젊은 부부는 무거운 짐을 열심히 나르고, 두 아이는 곁에서 콧노래를 부르며 강아지를 품 안에 꼭 안고 있었다.

경비실 앞에 쭈그리고 앉아 있는 할머니는 여느 때 보다 깔끔하고 단정한 외출 준비를 마친 모습이었다.

손에는 하얀 손수건과 부채 그리고 한 번도 신지 아니한 걸로 보이는 예쁜 구두를 신고 비닐주머니에 무언가도 들고 있었다.

젊은 부부는 아이들을 급한 목소리로 불렀다. 어서 차에 타라는 명령이었다. 그러자 할머니도 대충 눈치로 짐작하고 차에 오르는 순간 손녀가 말했다. "할머니는 어디가 ? 우리는 바닷가에 가는데…. 할머니는 집을 봐야지" 그러자 차에서 내린 며느리가 하는 말 "그래요. 어머니 나이 드신 분이 밖에 나가면 고생하시니 집에서 시원하게 편히 쉬세요. 먹을 것은 냉장고에 다 넣어 놨어요." 할머니는 고개를 끄덕인다.

"그래. 나가면 고생이니 나는 집에서 쉴 테니 잘 다녀 오거라" 하며 무겁게 두 다리를 땅에 올려놓자 아들은 얼굴도 내밀지 않고 새까만 승용차는 할머니를 뒤로하고 미끄러져 갔다.

잘 다녀오라고 내 젓는 팔의 힘은 없었고 입에선 억지웃음을 웃는 순간 눈에선 뜨거운 눈물이 조르르 흘러내렸다.

말 못하는 강아지는 데리고 가면서 자기를 낳아준 어머니는 아예 헌신짝 버리듯이 버리고 떠나는 젊은 부부를 보면서 가슴이 저며왔다.

우리나라는 부모에 대한 효도와 공경을 으뜸으로 친 전통을 지닌 나라였지만, 이제는 단지 외형적으로만 유지될 뿐 실질적으로 전통적인 가치관과 윤리의식은 사라져 버린지 오래이다. 핵가족 사회에서 할아버지나 할머니의 자리란 아무런 의미가 없다. 돈이 가져다주는 그들의 영향력에 따라 무거워지기도 하고 가벼워지기도 한다. 그나마 능력도 없는 경우 그저 짐스럽고 귀찮은 존재들로 인식된다. 실제로 내가 아는 한 노인은 육남매를 두었건만 일정한 거처가 없이 몇 아들의 집을 한달씩 옮겨 다니며 살고 있다.

우리들은 까마귀에 대한 인식이 좋지 않다. 악마의 화신으로 알려져 있고. 까마귀떼가 울거나 날아들면 흉조라 여겼지만 까마귀는 냄새에 아주 민감하여 도심에 많이 날아와 쓰레기통을 뒤지고 난리를 피우지만 까마귀는 조류 중 가장 영리하고 효자 새로 알려져 있다.

까마귀는 새끼가 깨면 두어 달 먹이를 물어다 먹이는데, 새끼 까마귀가 어느 정도 성장하면 역시 60일 동안 어미에게 먹이를 물어다 그동안 길러 준 은혜에 보답한다고 전해져 온다.

신혼시절 신랑은 매일같이 친구들과 어울리며 늦은 시간에 집에 들어왔다. 이른 새벽에 세 정거장쯤 걸어가서 시부모님께  문안인사를 하고 내려와 조반을 지어 남편 출근을 시켰다. 요즘처럼 차가 있는 형편도 아니고 돈이 있어도 택시를 탈 줄도 몰랐다. 늦으면 늦은 대로 두 사람이 말처럼 뛰어 날마다 부모께 밤새 안부를 물으며 즐겁게 하루를 시작하시라고 며느리가 곱게 큰절을 해야 하는 것인 줄만 알았다. 그처럼 부모는 웃어른이며 나에겐 큰 사람이었다. 요즘 사람들한테 그런 예절을 갖추라고 하면 어떤 반응이 나올지 궁금하다.

현대사회의 변화가 현대인의 의식 변화를 가져다 주었지만 사회가 아무리 변했다고 해도 변해서는 안 될 기본적인 가치들이 양심 있는 우리를 힘들게 하고 있다. 많은 노인들 스스로가 가족과 사회의 짐이 되고 있다는 자괴감과, 차라리 죽음이 삶을 더욱 편하게 할 것이라는 패배감이 우리를 슬프게 한다.

노인이기 때문에 사회의 경제활동 주역에서 떠나 있고, 건강하지 못하기 때문에 스스로를 부담으로 여긴다고 해도, 그들은 어디까지나 우리 사회를 이끌었던 주역으로서 우리 모두의 존경의 대상이며, 삶의 지혜를 자손들에게 전달해 주는 지혜의 샘이 아닌가. 그렇기 때문에 그들은 명백히 우리 사회의 중요한 구성원으로서 보호받을 자격이 있으며, 어느 누구도 이를 부정할 수 없을 것이다.

생활능력이 없는 부모에게 최소한의 생계비를 보내지 않는 일, 부모 명의 재산을 몰래 빼돌리는 일 등 우리 주위에 심심치 않게 많은 사례가 발생한다.

지금 현 사회가 평균수명이 늘어나고 조기 퇴직으로 노년기가 점점 길어지면서 자식들의 부모 부양 부담이 무척 늘어가고 있다. 경기가 땅바닥을 기어갈수록 살기가 어려워지는 반면 조금씩 드린 용돈마저 줄어든 현실을 볼 수가 있다. 국민 모두를 불효자로 만들어 낸 것은 누구의 작품인지 궁금하다. 경제가 나아져야 부모님 용돈도 더 챙겨드리고 자식 노릇도 더 잘 할 수 있게 된다.

열쇠아동이 많아진 이때 할아버지 혹은 할머니가 집을 지켜주고 손자들을 보살피는 온정이 절실히 필요하다.

우리가 어릴 적엔 추운 겨울날이면 언 손을 부비며 생솔가지 지피고 샘물을 긷는 모습과 밤 늦도록 구멍난 양말을 둥그런 전구를 넣어 깁는 모습을 우리는 지켜보고 살았다.

이렇게 생의 절반을 고생으로 메워진 인생인데, 강아지를 데리고 가는 바캉스는 있지만, 노부모께는 집이나 보라는 부부와 아이들의 무관심과 소외감에 소외감에 할머니의 가슴은 해바라기 씨처럼 새까맣게 타들어갔으리라.

우선 내 주변부터 부모님과 멀리 떨어져 사는 자식이라면 주말을 이용해 찾아뵙거나 그것도 여의치 않으면 안부전화라도 여쭙는 것이 부모님의 소외감을 덜어주는 작은 효도일 것이다.

미루다보면 안되니 매월 첫날을 부모님께 전화하는 날로 정했으면 한다.

아들 며느리 서로 미루지 말고 생각나는 사람이 먼저 했으면 좋겠다.

그리고 우리 노인들도 경제력을 갖추고 살기를 바란다.

인생은 육십부터. 헬스도 다니고, 붓글씨, 등산, 취미로 사진작가 하는 분들도 많이 봤다.

혼자 외롭게 지나가는 차를 바라보며 빈 하늘 쳐다보는 시간에 산과 들에 나가 야생화들과 대화도 나누고 자연과 벗함이 더 좋으리라. 우리는 자신을 얼마나 가꾸고 사는가?

자신을 가꾸지 않으면 늙어서 소외감을 받는다.

무언가 한가지의 소속감이 있어야 한다.

모두가 여행을 떠난, 빈 집에서 할머니는 어떤 모습일까?

내가 만일 할머니라면 좋아하는 친구를 불러 가까운 공원에 가서 실컷 이야기하고 싶다.

밤이 깊어가도록, 그리고 배고프면 식당에 가서 먹고 싶은 것도 사먹고 다음날엔 나보다 더 어려운 이웃을 찾아가 기도를 하겠다. 손에는 노란 참외 두 개와 잘 익은 복숭아 세 개, 힘이 없으니 들만큼만 들고 가리라.

다음날엔 내가 마지막이 될 날을 기다리며 옷장과 서랍을 정리하겠다.

그러다보면 잃어버렸던 나의 푸르른 젊은 날도 찾을 수 있으리니. 그리고 무사히 돌아올 며느리와 손자들한테 한 통씩의 편지를 준비하겠다. 아주 좋은 장점만 찾아 칭찬하는 글로 말이다.

# 그리우면 가리라, 섬진강

창가에 내려앉은 햇살을 흡입기로 죄다 빨아들이고 싶은 오후다. 가을향기 질질 흐르는 섬진강에 가 보았는가?

초가을 섬진강은 소리 없이 울고 있었다. 산이 흔들리지 않도록 낮은 곳으로 몸을 맡기며 얼마나 서러운지 해 지물도록 울고 있다. 반짝이는 섬진강을 두고 우리 일행은 떠나 왔지만 아직도 애절한 모습은 사라지지 않는다. 이 많은 강물이 흘러 어디로 갈까?

섬진강의 노을빛은 참으로 아름다웠다. 하늘과 산과 강이 이루는 삼합의 조화는 태초부터 계획하신 신의 작품이었다.

목마르고 지친 날이면 솔잎들의 어깨 스치는 소리를 들어보라 말하고 싶다.

가을 산행은 병든 사람을 낫게 한다니 상처 난 사람들을 모두 데리고 나올 걸 그랬다. 아직도 습기를 머금은 데미샘으로 우린 삼십 칸이 넘는 기차를 만들어 숲으로 들어갔다.

섬진강의 발원지인 데미샘은 언제 찾아도 편안하다. 그리고 엄마 손을 잡고 올라가는 기분이다. 새소리, 맑은 물소리에 그리고 숨 가쁜 중년의 한 자락을 끌고 가는 소리까지 놓치지 않고 귀를 기울일 수 있었다. 마침 풀을 깎은 탓에 아름다운 향기가 더욱 묻어났다. 울창한 숲과 돌계단 그리고 이름 모를 풀들이 뿜어내는 숲의 냄새는 도시에서 찌든 영혼까지도 씻어 주겠다며 햇빛가리개를 벗으라고 보챈다. 아름다운 숲의 향기에 젖어 들면서 오감이 살아 오르가즘이 시작되었다. 데미샘을 걸어 나와 섬진강 주변의 맛 자랑 집에서 땅 두릅 매운탕으로 허기를 채웠다. 말린 시래기가 아닌 땅 두릅이라서 입에서는 그 맛이 살살 녹아내리고 매운탕의 비린 맛은 전혀 없었다.

세월이 이끈 공간이동에 흡족해 하며, 황금빛으로 물들어 가는 들녘 너머로 빨간 능금밭이 다가오자 우리들은 환호성을 하며 입맛을 다시지만, 섬진강은 귀를 막은 채 말없이 고고하게 흐르고 있다. 어느새 냄비 뚜껑만큼 커져버린 김장배추들, 그리고 멋스럽게 드리워진 산 그림자가 나를 흔들어 깨운다.

점심 후에 강줄기를 따라 걸었던 굽이굽이 아름답던 길. 그리고 포장을 하지 않아 좋은 길이지만, 이곳도 머잖아 포장이 된다면 이런 느낌은 아닐 테다.

강바닥에 널브러진 넓죽한 바위들, 그 위에 더럭 누워 지독히도 파란하늘과 단둘이 눈 맞춤 하고 싶다.

옥정호에서 여유롭게 한숨 고른 섬진강물이 남녘을 향해 달음질치다 험산에 가로막혀 몸을 비틀고 굽이굽이 진 길을 따라 낮은 곳으로 휘돌아 가는 곳. 그곳에는 엄지 마디만큼 큰 다슬기로 유명한 활처럼 휘어진 천담 마을이 있다.

섬진강 물길이 둥글게 흘러내려 돌아나가니 산과 물이 어우러진 경치가 좋은 곳. 이런 곳에서 며칠만 살다갈 욕심을 부리고 싶을 만치 아름다운 곳이기에 영화 '아름다운 시절', TV 문학관 '소나기', '쑥부쟁이' 가 이곳에서 촬영됐다고 한다.

여고시절 한집에서 하숙을 하던 그 남학생이 이곳 출신이었다. 지금 나이라면 전화해서 시골밥상도 마주할 나이가 됐지만 그 시절엔 그 남학생이 세수를 오래하면 나는 수돗가를 나가지도 못했던 수줍은 여고시절이 떠올라 순간 배롱나무보다 더 떨렸다.

차로 한참을 달리는 동안 슬그머니 차안을 살펴보니 중년의 여인들은 모두 환한 얼굴빛이었다. 또 마을이 보인다. 무성한 풀들이 우거져 사람이 살지 않는 빈집이란 걸 알게 해줬다.

대화상대 없이 여행을 떠나는 것은 외로운 일이지만, 눈이 즐겁다면 그 여행은 성공이다. 바로 섬진강을 걷다보면 그 외로움이 슬그머니 자취를 감춘다.

천담, 구담, 장구목 등 섬진강변의 명소들을 거닐 때마다 나의 발은 점점 구름 위를 거닐고 있는 기분이었다.

지난여름, 폭우가 남기고 간 흔적들이 가슴살을 떨게 한다. 아직도 몸통 큰 나무들이 물속에 뿌리를 박은 채 한 발을 높이 쳐들고 누워 있었고, 온몸에 인간의 쓰레기들을 칭칭 감고 있는 모습이 내내 지워지지 않았다.

전라북도에는 강의 발원지가 네 곳이나 있다. 이 고장 사람들에게는 큰 자랑거리이다. 섬진강의 발원지는 진안 백운의 데미샘, 금강의 발원지는 장수군 뜸봉샘, 만경강은 밤샘, 동진강은 내장산 까치샘이라니 전북은 얼마나 자랑스러운가?

강물이 출렁이는 소리를 듣고 다래가 익어가나 보다. 다래 구경을 못한 친구들을 위해 다래 몇 개 따오고 싶었지만 아직 영글지 않았다.

옛말에 "약보보다 식보가 낫고 식보 보다는 행보가 낫다고, 이는 좋은 약을 먹는 것보다는 좋은 음식을 먹어야하고, 좋은 음식을 찾는 것 보다는 걷는 것이 최고다." 라고 했다.

맑은 숲을 찾아 차양모를 쓴 채, 다리가 아파 주저앉은 내게 섬진강의 아름다움은 나를 일으켜 세워주었다. 이미 선조들은 행보의 멋과 맛을 느끼고 살았나보다.

아름다운 꽃은 시들고, 세월은 쏜살 같이 달아나고 있다. 우리는 하나의 그림자일 뿐 잠시 후면 사라지고 말 인생인데

소란을 피우며 수많은 감정을 쌓아가고 있으니 어찌 이를 한탄하지 않을까.

부질 없는 욕심을 강물처럼 비우자. 발을 담갔던 강물은 내일이면 이미 자취도 없으리니…… 우리도 겸손하게 낮은 곳으로만 흘러가는 강물처럼 살아야만 한다.

사람은 높은 곳만 바라보기 때문에 낡은 세월을 살다보면, 나중엔 전화할 사람도 없고 한 끼의 식사도 마주할 사람이 없다. 노후를 잘 살려면 낮게 흐르는 강물소리와 벗하며 살아야 한다.

바람에 흔들리는 여린 몸매의 풀꽃도 감정 없이 사는 줄 알았는데, 계절에 민감하여 먼저 옷을 갈아입고 단장을 하고 있다.

파도는 바위에 부딪혀 상처가 나도 불평하거나 투정을 하지 않는다. 그저 자연 속에 출렁이는 큰 물결일 뿐, 세상을 원망하지 않는다.

봄에는 새싹이 돋아나고, 여름이면 숲이 우거져 푸르름을 더해주고, 가을이 오면 은빛 억새가 나의 시름을 달래 줄 텐데, 가고 오는 세월을 불평하기 전에, 섬진강으로 나가보라.

삶이 허전해질 때면 나는 가리라.

아름다운 섬진강으로.

# 혼자만의 23번 국도 여행

가슴이 터질 것 같은 팔월. 회색 하늘이 점점 짙게 물들어 쌀의 곡창지대인 김제평야를 지날 때 지평선을 제대로 분간할 수가 없었다.

비 오는 날에는 모든 일상을 접고 그냥 맨몸으로 무작정 떠나고 싶은 심정이다. 한참을 달리다가 차창 밖을 내다보니 뜻하지 않게 평소 원했던 23번 국도를 나도 모르게 달리고 있는 것이 아닌가.

산안개로 주변 조망이 어렵긴 하나 야박하게 내리는 비보다 오늘같이 엄청나게 쏟아지는 빗길을 달리다 보면 오십 년 동안 묵혀온 모든 체증이 내릴 것만 같다.

하늘이 구멍 난 것인지 아니면 갈증을 채우는 허덕임인지 비는 쉼 없이 내리고 내린다. 비 냄새와 짭조름한 냄새가 물씬 풍기는 날씨다.

지평선은 푸른 물결로 빗방울에 젖어 흔들리고 마구 달리는 차는 어느새 엄마 품 같은 드넓은 바다에 멈추고 있었다.

얼마나 기다렸던 시간인가? 걸림새 없이 홀로 이곳에 와서 비 내리는 바다를 바라보다니……. 길가에 작고 예쁜 찻집이 보였다. 차를 마시고 싶어서가 아니라, 아무런 약속도 없는데 조금 쉬어가고 싶은 마음에서 그곳으로 들어갔다. 환하게 미소짓는 여주인과 종업원이 왠지 처음 보는 이 같지 않고 편안함을 주었다. 끝이 보이지 않는 바다가 보이는 곳에 자리를 잡았다.

찻집엔 서너 테이블이 채워 있었으나 모두들 휴가철 손님 같았다. 일단 차림표를 훑어보고 쌍화차를 주문하였다. 비 오는 날 따끈하고 입안을 달콤하게 해주는 차로 지친 몸을 달래주고 싶었다. 내리는 비를  다 마셔버린 배부른 바다.

그 바다를 바라보는 나는 혼자였다. 낯선 환경에서 혼자일 때 비로소 자기 자신에 대해 눈뜨듯 자아를 찾아 떠나는 여행을 하고 싶어 바람꽃이 지고 난 자리에 비를 몰며 왔나 보다. 따끈한 찻잔이 내 손안에 들어와 하나가 되었다. 찻잔 안에 호두, 알밤, 잣, 아몬드가 물 위에 동동 떠다니며 서해바다를 숨겨 놓는다. 찻집에서 흘러나오는 음악은 거의 비에 관한 주제곡이었다. 탁자에 올려놓은 화장지 한 장에다 다섯 곡을 볼펜으로 꾹꾹 눌러 신청하였다. 친절한 주인은 음악 파일이 없는 곡은 다운로드 받아 나의 가슴을 찰랑거리게 해 주었다.

신청 곡은 〈비와 당신〉, 〈비와 외로움〉, 〈가슴에 비 뿌린 당신〉, 〈그때 그 사람〉, 〈비 오는 날의 수채화〉 순으로 찻집 안을 가득히 채워 주었다.

도심을 떠나 모든 일을 접고 나 홀로 여행을 떠난다는 건 누구나 하고 싶은 일이지만 실행을 못하는 경우가 많다. 나 홀로 당당하게 살아가는 능력을 이곳에 와서 어떤 비상 처방을 거쳐 삶의 목표에 도달하고 싶은 방랑자의 바람일지도 모른다.

나만의 꽃을 피우고 싶다.

계속하여 자동차 지붕 위를 마구 때리는 빗줄기 소리가 고요를 깨고 비꽃으로 내려와 내 품안에 안기는 비릿한 바다 냄새.

항상 마음속에 가득 품고 있었던 여행이었지만, 막상 떠나려니 걸림돌이 너무나 많아 나를 가로막았고, 옮기려 하면 용기가 나지 않고 두려웠다. 마음 한 구석에 자리 잡은 건 언젠가 혼자서 여행을 떠나보는 것이었다. 그래서 용기를 내서 혼자 여행을 떠나온 것이다. 막상 여행에 두려움이 앞섰지만 앞으로 보게 될 그 무엇들에 대한 호기심이 화려하게 몰려들었다.

요즘엔 엉뚱한 생각들로 머리가 복잡해진다. 이제껏 아무런 일 없이 살아온 내가 뚱뚱한 몸매, 그리고 못생긴 얼굴이 자꾸 신경이 씌어 매사 작아지는 내 모습이 부끄럽기만 하니 이제 와서 어쩌란 말인가? 보고 싶은 엄마를 찾아 나서듯 아무 생각없이 비에 젖은 바다를 보고 싶었다.

그물에 걸리지 않는 바람처럼 살아야 한다고들 하는데 중년을 맞이하는 여성들은 심한 몸살을 앓고 있다. 누구나 맞이하는 중년이지만 일을 하면서도 일을 찾게 되고 일에 중독이 된 인생의 가을. 일이 없으면 우울해지고 금방 어떻게 될 것 같아 불안에 떠는 복잡한 마음을 비 내리는 23번 국도에 모두 뿌려놓고 가고 싶다.

청록색 바람이 등을 떠밀며 지친 걸음을 재촉하는 시간, 어둠이 산등성이를 잘라먹고 침묵하는 사이에 정신없이 달리고 또 달려온 여행길이 끝나가고 있다. 아쉬움을 여전히 남겨둔 채.

## 아들에게 들려주는 엄마이야기

목말라하는 꽃들에게 물을 담뿍 주며 그들과 이야기하다 보니 동이 텄구나.

요즈음 잠을 이루지 못하는 날이 계속 이어지는 걸 보니 엄마는 계절의 오고 감에 아주 민감한 반응을 보이고 있다. 새벽부터 수육을 삶는 동안 유리창에 김이 서려 가을 여인의 눈물처럼 주르르 흘러내리고 있구나. 냄새는 온 집안에 진동하여 코를 자극시킨다. 공부하는 동생을 위해 도시락으로 수육을 준비했단다. 취업을 준비하는 다른 친구들과 나눔 하라고 목살을 넉넉히 준비하여 육젓, 상추, 깻잎 그리고 빨간 고추와 파란 고추로 색감을 주고 그 위에 통깨도 송송 뿌렸단다.

비린내 나는 생선보다 육식을 좋아했던 너희들. 병아리색 뜨개질 셔츠와 하얀 멜빵바지를 똑같이 입혀 손을 잡고 나가면 지나던 사람들이 일부러 모여들어 구경거 리가 된 쌍둥이 형제. 맛있는 자장면 집을 찾아다니다 끝내 어둠과 같이 집에 돌아와 국수를 후루룩 마시며 "이거 사먹자면 얼마짜리예요 ?" 라는 소리를 듣는 순간 너털웃음을 짓다가 끝내 울먹인 그 사연을 너희들은 아는지.

언어감각이 특이한 너 댓 살 무렵. 생선가게에 가서 "할머니, 고등어 얼굴도 담아주세요." 라고 하여 시장 아줌마들을 박장대소하게 만든 일이며, 강아지 풀씨가 익어 고개를 숙이자 열매를 맺었다는 뜻에서 "개풀이 늙었다"고 하여 지나가던 사람들이 폭소를 자아냈던 일. 이런 행복을 가져다주는 너희들이 돌이 지날 때까지 엄마의 베개는 장롱에서 내려오지 못했고, 병원에서 반을 키워줬다 해도 과언이 아닐 정도의 나약한 너희들이 어느덧 성장하여 이제는 아버지와 술자리를 함께하고 엄마의 네비게이션이 되는 의젓한 아들로 성장했구나.

아들아, 엄마는 너희들한테 할 말이 남아 있단다.

세상에서 그어 놓은 금을 밟고 싶어도 너희들 눈에 비친 엄마의 모습을 어떻게 볼까 하는 두려움에, 꾹 참으며 살아왔단다. 중국 여행 8박 9일 동안, 평생 혼자서 긴 여행을 떠나본 적 없는 나에게, 아버지는 연수로 인하여 동행하지 못하고 나 혼자서 너희들과 처음이자 마지막이 될지도 모를 모자간의 아름다운 여행이었다.

여행 중 북경과 상해에 머무는 동안 아시아 최고의 호텔과 최고의 레스토랑에서 융숭한 대접을 받아 너희들의 엄마가 된 내가 너무나 행복했단다.

특별히 잘해 준 것 없음에도 불구하고 반듯하게 성장하여 남들이 부러워하는 대학에 합격하고, 어엿한 장교로 임관하던 날 가슴이 터질 것 같아 코트자락으로 두 손을 감춘 채 가슴을 꾹 누르고 있었던 나를 너희들은 모르지?

아들아, 꽃이 필 때면 아름답지만, 지는 꽃은 너무나 추하지? 이제 엄마도 시들지 않는 꽃이 되려고 마음이 바쁘단다.

그래서 추하지 않고 아름답게 익어가는 인생을 디자인하다 보니 이제는 자꾸만 멀리 걸어온 길을 뒤돌아보곤 한단다.

가끔 무엇을 해야 할지 더 이상 생각이 나지 않을 때 그 때에 비로소 진정한 무엇을 할 수 있다고 생각한다.

아들아, 엄마는 요즘 문학소녀로 돌아가 시를 직접 써보고 또 시 낭송을 하고 있단다. 때로는 인터넷방송을 통하여 전국의 모든 이들에게 음악과 시낭송을 들려주는 CJ로 활동 중이란다.

방송 중 많은 이들이 공감하며 한 방향을 바라보고 있는 걸 보면 엄마는 그 순간 존재의 이유를 알아간단다.

아들아, 인간은 누구나 자기가 하고 싶은 일을 할 때가 가장 행복한 삶이란다.

나의 꿈은 교단에 서는 일, 그리고 문단에서 역동적인 활동을 하는 것이었단다.

하지만 살다보니 우리 인생은 밤새 내린 이슬과도 같이 해가 뜨면 금세 없어지고 마는 그런 것이더구나.

아들아, 풀잎에 맺힌 이슬이라도 여린 풀벌레가 먹으면 아름다운 풀벌레 소리가 되지만 독사가 먹으면 독이 된다고 했단다. 매화는 고옥한 청향을 피워 내려고 이슬을 먹는 것처럼.

지금의 고통은 극복한 후의 기쁨을 인지 할 수 있으니 우리 조금만 참자.

어둠 속의 빛이 되어주고 파란 하늘로 머리를 향한 나무처럼 힘들 때마다 언제나 너희에게 그늘이 되어 주마.

어려운 변리사 합격을 위해 엄마와 쌍둥이 형제가 같이 뛰는 거야……. 아주 멀리 그리고 힘차게.

# 개망초

열정의 응원소리가 아직도 귓전을 때린다. 선수들이 경기장을 종횡무진 달리며 투혼을 다해 싸웠던 유월. 덕분에 우리들의 유월은 더욱 더 살맛이 났으며 온 국민이 하나가 되어 많은 기쁨과 감동의 눈물 그리고 아쉬워하며 하늘이 터지도록 '대한민국' 을 외쳐 응원하던 우리의 단합된 마음은 아직도 식을 줄 모르고 있다. 밤이면 밤마다 잠을 설쳐 하늘이 노랗게 변해버린 사람들. 그들은 가쁜 숨을 몰아쉬기도 하고 가슴을 쓸어내리기도 한 역사적인 순간들을 우리는 잊지 못한다.

여행을 다녀왔으나 갈증은 또 다시 시작되었다.

장마가 시작되는 날 오십을 억지로 삼킨 여인네들이 꽃구경을 떠났다.

차창 밖으로 떨어지는 빗물이 우리들의 마음을 알아주는 양 한없이 반겨주어 너무나 고마웠다.

메마른 땅 어디든 피어나 슬픔을 덮어주는 하얀 개망초가 무리지어 우릴 반긴다.

빗물이 스며든 들판에 자세를 낮추어 들여다본 곱지도 아름답지도 아니한 순수하고 흔하디흔한 개망초.

억수로 쏟아지는 비를 맞으며 개망초 밭에서 하얀 이를 내밀고 우린 사진을 찍었다.

그리고 그림을 그리기 위해 몇 장의 개망초를 담아 왔다.

개망초가 아름다운 꽃이라면 그 누가 믿겠는가? 친구는 화폭에 개망초를 그리고 나는 개망초에 대한 시를 남겼다. 그날 이후 개망초라는 별칭을 갖게 되었다.

아침이면 일어나 개망초를 만나기 위해 살며시 길을 나선다.

새벽이슬에 촉촉이 젖은 하얀 개망초가 들려주는 메시지는 다양하다. 풋풋하고 아삭거리는 삶의 맛은 한 권의 소설이다. 그래서 다음 이야기가 궁금하여 견디지 못 할만치 날마다 그들의 대화에 중독되어 하루도 빠짐없이 만나야 한다,

너무나 좋아하는 연인처럼 잠시 안 보면 미칠 것 같은 삶이 되어버렸다. 하루하루 다르게 예쁜 모습 사이로 산딸기가 루비보다 곱게 익어 빗속의 이들을 손짓한다.

개망초를 좋아하는 이유가 뭐냐고 묻는 사람들이 많다.

인간의 아름다움은 이목구비가 잘난 것보다는 자기가 수고하고 노력하여 만들어가는 아름다움이 참 아름다움이라고

생각한다. 어여쁜 얼굴이나 잘생긴 얼굴은 덤으로 받은 선물이지만, 아름다운 얼굴은 생활 속에서 가꾸어지고 만들어진다. 얼굴은 그 사람의 삶을 표현하는 것이다. 나이가 익어갈수록 더해가는 아름다움, 또 화장기 없는 맨 얼굴의 아름다움을 더욱 소중히 가꾸어 가듯 풀도 꽃도 아닌 개망초를 그래서 좋아한다.

자기 개성대로 아름다움을 살려 여름철의 미인이 되길 원한다.

길거리에 나가면 모두가 비슷한 얼굴들이다. 기계로 찍어낸 얼굴보다는 자연미가 있는 얼굴이 아름답듯 향기도 없고 보잘 것 없어도 개망초가 마음에 드는 건 왜일까?

# 제3부

# 가을 남자와 벨트

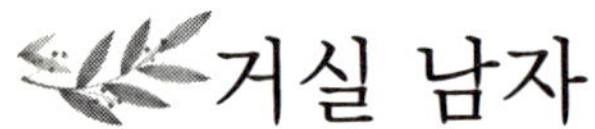

# 거실 남자

우리 부부는 딴 방을 쓰는 일이 별로 없다. 항상 따스한 발을 포개고 내쉬는 콧바람에 날아갈 듯 하지만 그래도 애써 참으며 마주 보고 삼십 년 가까이 살고 있다. 그런데 추석이 지난 이후부터 이상한 일이 생겼다. 그가 거실에서 혼자 잠을 자려하자 마음이 놓이지 않아 여러 번 실랑이를 벌였지만 황소 같은 그를 방으로 옮겨가기엔 내 힘이 너무 모자랐다. 참다못해 내가 싫어서 그러느냐? 아니면, 방이 더워 그러느냐 따져보지만 무표정으로 팔짱을 낀 채 옆으로 돌아누워 버렸다. 새벽녘엔 온몸을 오그리고 잠든 모습을 보다 못해 시집올 때 해온 목화솜 이불을 덮어주며 잠은 포근히 자야 한다고 했더니 당장 걷어내라 했다. 이유 없이 고집을 부리니 영문을 알 수가 없었다. 그런데 이상한 일은 내가 거실에 미리 누워있으면 여자는 안방에 거해야 한다며 품위 있게 살아라한다. 어느 장단에 맞춰 춤을 춰야 할지 밤이면 밤마다 신경전이다. 어젯밤도 콜록거리며 거실에 먼저 누워버렸다. 그는 나지막한 소리로 사정을 한다. "당신은 안방에서 곱게 자야 한다."고 하였다. 화를 내며 물었다. 왜 나만 그렇게 해야 하느냐 했더니 "아들은 냉 바닥에서 자고 있을 텐데 아버지는 보일러 튼 방에서 차마 잘 수가 없다" 고 한다. 가슴이 찡해져 온다. 그 깊은 마음을 모르고 많은 오해를 했던 지난날들이 부끄럽다. 무서리가 왔다. 군(軍)의 아들이 걱정이 되어 창 밖을 내다보며 헛기침을 하고 있는데 훈련 마지막 날이라고 씩씩한 장교 목소리가 들려왔다. 더 이상 말을 이어간다면 또 눈물이 터질 것 같아 입술을 깨물며 듣기만 하였다. 난, 안방에서도 조금만 추우면 온도를 높이고 옷을 껴입고 온갖 수선을 떠는데 그런 모습을 보고 남편은 얼마나 한심스러웠을까. 친정엄마는 전화할 때마다 남편 잘 섬기라 하신다. 옛말에 남자는 큰일을 당하여도 아무런 심정의 변화도 없이 식사도 잘하고 잠을 잘 자기에 무심하다 했더니만, 나무 재털이에 가래를 뱉어 놓은 걸 보니 빨간 핏덩이가 나와 있더라는 말이 있다고 일러주셨다. 여자는 구시렁거리기라도 하지만 남자는 아무 내색도 못하고 속이 다 핏물로 적시도록 옥니를 악물며 참고 견딘다는 말이다. 아버지들은 속이 깊다. 술을 마시고 흥청거리며 애써 잊으려한다. 그래서 장난기를 섞어 "아들 장가보내기 전에 잘해" 했더니 "나도 살아 있을 때 잘해" 하며 농담을 받아준다. 당신이 잠든 사이 뜻한 겨울을 보낼 수 있는 사랑의 불을 밝히리라.

# 가을 남자와 벨트

지난 화요일, 값진 허리벨트를 선물 받았다고 나한테 건넨다. 앤틱한 허리벨트는 은은하고 세련미가 있어 가을 남자와 잘 어울리는 분위기였다.

그런데 아들을 주면 좋겠다고 한다. 자기한테는 인색한 아버지, 요즘 더욱 더 말이 없어지고 두 아들만 챙긴다.

옛날 어머니들은 딸이 많으면 속옷이 성한 게 없고 제대로 된 화장품도 없이 구멍 난 양말만 신었다던 이야기가 생각이 났다.

멋진 게 얼마나 많은데 나이 든 남자가 멋지게 해야지 아들 걱정은 말라했다.

이튿날 출근길에 새 바지에는 고급벨트가 잘 어울리겠다며 아내의 코디 솜씨를 발휘했다. 그는 한참을 생각하더니 헌 벨트에 파클만 새것으로 교체하고 자랑스럽게 집을 나섰다.

부부는 각각 모임이 있어 거나하게 취한 그 사람은 늦은 밤에 전화가 왔다.

전화기 속으로 그 사람의 숨소리와 가야금 소리가 번갈아 들려 왔다.

예쁜 벨트 착용하고 나간 날은 술도 멋진 곳에서 마시는구나하며 일그러진 얼굴을 폈다.

기분이 좋으면 안주인을 밖으로 불러내는 남자.

신발만 갈아 신고 아파트 가로수 길을 마라톤 선수처럼 달려갔다. 한밤에 여자가 정신없는 말처럼 뛰어가니 모든 이들이 가던 길을 멈추고 날 힐끔 쳐다보지만 내 남자를 만나기 위한 시간을 남한테 들키고 싶지 않았다.

빨간 신호등도 무시하고 싶을 정도로 긴 정지의 시간, 이윽고 유리창 밖으로 대금소리와 가야금 소리가 들려왔다. 가끔은 여인들의 웃음소리도 함께 흘러나왔다.

문을 열자 어느 중년 신사가 정중히 일어서더니 "방금 나가셨습니다." 하였다.

온몸의 기운이 손끝 사이로 다 빠져나가는 그런 기분, 갑자기 어깻죽지에 몇 톤의 무게가 짓눌리는 그런 압박감이 나를 힘들게 했다.

그럼 어디로 갔을까? 그때 마침 그에게서 전화가 왔다.

집에 도착하여 안주인을 기다린다는 기분 좋은 목소리. 한걸음에 달려왔지만 그 순간을 참지 못하고 밤거리를 혼자 달리게 한 그가 미웠다.

갑자기 가을밤 갈색거리를 멀리 달아나고 싶었다.

시동을 걸어 은은한 안개 낀 저수지라도 달리고 싶은 충동이 일어났다.

번호 키를 누르고 현관에 들어서자 그 사람은 바지도 벗지 않고 누워 있었다. 아이처럼 옷을 벗겨달라고 어리광을 한다. 신혼시절이라면 볼기짝 한대 힘껏 맞을 일이지만, 나이 들어 그런지 그런 모습도 귀엽다. 귀엽다는 표현은 그럴 일도 얼마 남지 않았다는 서글픈 생각에 그냥 귀엽게 받아들이고 싶었던 게다.

남자가 여자의 옷을 벗기는 게 아니라 안주인이 남자의 바지를 내리는 순간 손이 떨리고 말았다. 멋지게 하고 나간 벨트가 움직이지 않고 오히려 죄여들었기 때문에 누워 있는 사람이 괴로워 할 정도가 되고서야 몸을 일으켜 세워 본인한테 해보라 해도 벨트가 말을 듣지 않았다.

벨트를 가위로 자르기도 아깝고 그가 고통스러워 하는 모습에 놀라 119에 신고할 생각까지 하였다.

만약 119가 온다면 늦은 밤에 경적소리를 내며 삐 ~삐 요란스럽게 울릴 텐데 동네 사람들이 얼마나 놀랄 것인지 그것은 말도 안 되는 일이고 하는 수 없이 파클 안쪽에 있는 톱니를 열어 억지로 분리하였다.

벨트가 망가지면서 드디어 바지가 내려갔다.

한 남자를 뉘어놓고 몸살을 치른 안주인의 웃음도 잠이 들었다. "서로 사랑하며 사는 것" 을 포기하지 않겠다는 말을 알아들었는지 초저녁에 있었던 클래식 음악회가 다시 내 가슴을 뚫고 지나가는 시간이었다.

새로운 벨트문화가 가져다 준 맥가이버의 참혹한 밤이 계속 흐르고 있다.

## 단 하나밖에 없는 브래지어

한여름 소나기 퍼붓듯 내게도 그런 사랑이 있었다.

방금 선물로 받은 브래지어를 가슴에 두르고 크기를 맞춰보았다. 여성들의 생활필수품이 되어버린 그것 없이는 외출을 못한다. 여자가 아닌 남자는 의문을 품지만 착용하지 않으면 무엇이 빠진듯 하고 옷을 입지 않은 것처럼 너무나 허전하기 때문에 언제나 가슴을 가리고 살고 있다.

겨울철은 그래도 보온이 되겠지만 샛노란 햇살이 질질 흐르는 여름철엔 아주 덥고 불쾌하기도 하다. 하지만 옷에 따라 색상이나 봉의 크기를 맞게 입어야 하니 여름철은 곤혹스럽다. 다른 용품처럼 기성품을 사서 입는 이도 있겠지만 나이가 들수록 체형도 변하여 몸에 맞추지 않으면 안 된다. 가슴이 예쁜 사람은 아무거나 해도 다 예쁘지만 가슴이 너무 크거나 작아도 어울리지 않는다. 남자들은 좋겠다. 이렇게 더운 여름에 가리지 않아도 되고 언제 어디서든 벗어도 되니까.

어느 날 연세 드신 형님 댁에 방문한 적이 있었다. 여름내 억수같이 쏟아지는 비를 피하여 미수(米壽)가 되신 형님내외가 좋아하는 음식을 준비하여 성큼 달려갔다.

비틀거리며 아이처럼 자박자박 걸어 나와 현관문을 겨우 열어주셨다. 그리고 인사만 받고 아무런 말도 없이 소파에 앉아 무언가 열심히 손뜨개질을 하고 계셨다. 좀 쉬었다 하시라 해도 들은 척도 안하고 그것에만 열중하셨다. 남의 집 주방에 들어가 무엇이 어디에 있는지 모르지만 주섬주섬 차려오니 그때 자리에서 일어나 담근주를 꺼내주셨다.

연세는 드셨지만 일본으로 유학을 다녀온 시숙이기에 아주 멋지고 지적인 분이셨다. 산이 보이는 거실 한쪽에 책상을 넓게 펴고 그분은 날마다 붓글씨를 쓰고 계셨다.

두 노인은 알콩달콩 그렇게 살고 계셨다.

한참 술자리가 익어갈 무렵 형님은 조그마한 소리로 날 부른다. 왜 그러는지 새가슴 되어 작은방으로 들어갔다. 조금 전 뜨개질 한 옷을 들고 와 나의 가슴을 열어 브래지어를 걸쳐주셨다. 너무나 젊잖은 형님 앞에서 숨도 제대로 쉬지 못하고 바보처럼 하라는 대로만 했다. 솜씨가 좋아 한 올 한 올 금방 쌓아 올려 나에게 선물하려고 말씀도 아끼시고 열심히 뜨개질 했나보다. 언제 나를 안아 보지도 않았는데 나의 가슴 사이즈를 아셨는지 내 몸에 딱 맞게 떠 주셨다. 뽀얀 가슴에 핑크빛 유두를 감춰줄 하얀 면사로 곱게 떠주신 하나 밖에 없는 명품을 가장 아끼는 사람 만나는 날 입고 가리다.

# 밤 안개 서리는 강

궁극적으로 우리를 기쁘게 하는 요소는 무엇일까?

갑자기 굵은 빗방울이 쏟아져 앞이 안보일 정도로 내리니 가슴속까지 시원해진다. 신작로에 흐르는 빗물 따라 어디론가 떠내려가고 싶은 시간.

장맛비 사이를 두 남자가 사냥을 하는 걸음으로 달려간다.

나는 잔걸음으로 달려가지만 머리를 가린 종이박스가 빗물에 젖어 나의 뺨으로 흘러내리니 울고 싶지 않음에도 불구하고 빗물인지 눈물인지 분간이 안 되는 물이 시야를 흐리게 한다. 오래 묵은 내 의식이 모두 빗물에 껍질까지 벗겨지고 있는 순간 더 이상 숨기고 감출 그 무엇도 없었다.

어릴 적 살 부러진 비닐우산을 바람에게 빼앗기는 그런 추억을 그리며 나의 머리를 가린 것은 토란잎이나 종이우산도 아닌 두터운 종잇 조각이었다.

생공주 세 사람이 모였다. 휴가의 마지막 밤을 의미 있게 차 한 잔 하자는 전화가 왔다. 마침 걸림새가 없는 시간이라서 맨얼굴로 성큼 나가 들꽃의 향기가 가득한 찻집에 앉아 라떼를 마시며 음악에 취해 있을 무렵 급한 목소리로 날 찾았다.

한밤중에 이가 아리니 응급실에 가자고 했다. 멀리서 온 그들은 어눌한 목소리에 놀라 어서 일어나라고 보챘다. 어지간하면 전화할 사람이 아닌데 아내를 찾을 정도라면 위험수위가 넘었다, 좋은 분위기를 망가뜨리고 일어서는 순간 찻값이 아깝다는 생각이 들었지만, 위험할지 모른다는 생각이 들어서 그리고 아는 지인한테 야간 병원을 물으니 그가 달려와 도와준다고 했다.

급한 마음만 챙길 줄 알았지 밤중에 비가 오리리고는 생각지 않았는데 빗방울이 굵어지기 시작했다. 남자 둘은 잘 뛰었지만, 나는 아무리 뛰어도 제자리였다.

응급실에서 진통제 두 대를 맞고 오랜만에 만난 두 남자는 목로주점을 찾았다. 나의 상식으론 이해를 할 수가 없었다. 건강한 날도 아니고 이가 아파 응급실에 간 환자가 약주를 한다니 정신이 나가도 한참 나간 사람이었다. 그들의 속사정을 알지 못하고 만류했지만 어서 약을 먹어야 하니 물대신 술집 가는 길이 더 빠르단다.

남의 아픔을 제 아픔처럼 달려와 약값 치러주는 그런 친구를 곁에 둔 그가 부러웠다. 탁자 5개가 놓인 조그만 목로주

점에서 그 남자는 술의 힘을 빌어 그동안 살아온 과거 이야기를 꺼내기 시작하였다.

아주 깊고 깊은 산촌에서 땅덩이 없이 가난한 집의 장남으로 태어났단다. 손이 트이도록 일을 하며 엄마의 사랑도 받지 못하고 열 살 되던 해에 엄마가 위독하여 시름 시름 앓더니만 두 아들을 남겨놓고 눈을 감았단다. 아버지는 술과 노름으로 재산을 탕진하고 거적때기 없이 이집 저집으로 떠돌다가 새엄마를 맞이했단다. 그는 심한 폭력과 힘든 노동에 적응을 못하고 계모가 잠든 사이 몰래 검정 고무신만 신고 가출을 했단다. 갈 곳도 정해지지 않은 낯선 땅을 열두 살의 맨발로 밤새 걷다가 감시원이 한눈을 파는 사이 몰래 기차를 타고 화물칸에서 잠이 들었단다. 깊은 잠에 빠졌는데 누가 어깨를 흔들어 눈을 떠보니 이름도 들어보지 못한 대구였단다.

지인의 도움으로 중학교에 입학하였는데 공부는 잘했다고 했다. 고아원 출신으로 고등학교에 합격하였지만 공부보다는 돈벌이에 눈이 먼저 뜨였다고 한다. 악착같이 앞만 보며 살아온 그가 어느새 환갑이 지났단다.

만약 부서진 인생이 아니었다면 삶의 향기를 피울 수 있었을까? 부서지고 망가진 경험이 있어야만 안을 수 있는 넓은 가슴을 지닐 수 있다. 그래서 그는 요즘 손전화의 모든 번호를 삭제하고 오로지 가족들을 위해 살고 있다고 했다. 여기저기에서 예초기 소리가 난다. 그럴 때마다 풀의 향기가 진하다. 그들은 짙은 향기를 내품으며 스스로 상처를 치유하기 위한 아름다운 향기라고 하니 우리가 겪는 모든 일들이 순탄치는 않을 것이다. 일부러 상처 난 풀잎처럼 무엇이든 관계없이 모두 귀한 선물인양 감사한 마음으로 받아들여야 할 것이다. 지난 어려웠던 시절을 고백한 그한테는 더 이상의 신경세포가 생성되지 않아도 될 것이다. 생각의 깊이를 잴 수 없는 생명력이 강한 야생마 같은 그는 지금 초로의 인생을 아름답게 살고 있는 시간의 발굽소리만 저장된 아름다운 인생이길 바라는 마음이다.

어릴 적 밤안개 서리는 강가에 서서 돌아오지 않는 엄마를 기다렸다는 이야기며, 아버지는 세 번이나 새 엄마를 모시는 동안 소년은 가슴이 터질 대로 터져 강물에 쏟아 붓은 눈물이 하늘로 증발하여 이렇게 하염없이 비가 오나보다고 했다. 가슴 깊이 채우지 못한 가족의 사랑과 포근한 엄마의 품을 그리워하며 반 백년을 넘게 살아왔다.

어린 시절을 회상하며 능소화가 세월의 담을 넘듯 그는 어느새 수술을 세 번이나 하고 긴 그림자를 끌고 가고 있다.

비 오는 날 두 남자는 술에 젖고 비에 젖었다. 치통이 멎은 시간 우리에게 베푼 그의 이야기를 듣다보니 여름 문을 닫아야 할 시간이 됐다.

두 남자는 조용히 손을 잡고 느릿한 걸음으로 걷고 있다.

눈썹 끝에 매달린 빗방울처럼 그의 꿈이 떨어지지 않기를 바란다.

그가 흘린 눈물이 강을 이루고 오로지 그의 작은 꿈들이 모여 밤 안개가 그의 모든 것을 가려주는 멋진 가을을 맞이하길 바란다.

## 꽃 섬 가는 길

첫인상은 대단히 중요하다. 바스락거리는 소리가 좋아 가을날에는 만나고픈 사람이 있다. 잃어버린 시간을 찾아 휴대폰을 진동으로 전환하고 길을 나섰다가 첫인상이 좋은 사람을 만나면 휴대폰의 진동에 내 마음도 같이 흔들리는 감성적인 중년의 나그네. 누구나 사람을 만날 때는 기본적인 예의를 갖추고 나가지만 첫인상은 3초 안에 결정된다고 한다. 옹골진 사람을 만나 세상을 탓하지 않고 걸릴 것 없이 삶의 한 페이지를 장식하고 싶었다.

어릴 적 들풀이 이슬에 젖어있는 길가에 좁은 다리가 있었다. 그 좁은 다리 밑에 시내가 흐르고 있었다. 여름철 한물이 들면 허벅지까지 물이 넘쳐 동네 사람들은 다리에 나와 물고기를 잡았다.

쇠파리 쫓아가며 잘 말린 물고기를 중뜸 늙어가는 호박과 햇 고추를 확독에 득득 갈아 매운탕을 끓이면 여름 보신용으론 그만이다. 크고 잘 말려진 물고기를 골라 백지에 싸고 찰밥은 양은찬합에 가득 담아 선생님댁에 가는 길은 아홉 살짜리의 걸음으론 상당히 먼 거리였다.

전날 막걸리를 거나하게 드신 선생님이 일어나지 않았는지 사모님이 깨우러 들어갔다가 다시 나오면서 하는 말이 오십년이 가까운 지금도 잊혀지지 않는다.

어디에 사느냐고 묻는 사모님의 말에 씨익 웃으며 "활처럼 생긴 작은 연못이 있는 동네에 삽니다." 하였더니, 이웃 사택에 사시는 사모님한테 "이 학생 잇속 예쁜 거 보세요. 그리고 어린애 보조개가 사람 죽이게 생겼어요." 하셨다.

솔밭 사이로 바람은 불고 구부러진 길은 멀고 멀었지만 십리를 걸어오는 동안 그 말이 뭔 소린지 몰라 계속 되뇌이며 달려왔다.

엄마께 처음으로 그 말에 대한 자세한 설명을 듣게 된 날이었다.

첫인상은 언어적인 요소가 7%라면 그 사람의 외모, 표정, 태도 등 시각적인 요인이 55%, 그리고 맑은 목소리와 청각적인 요인이 38%를 차지한다고 했다. 나의 길이 정해진 것은 내 의지와 상관없이 첫선을 본 자리에서 시아버지의 눈에 박히고 말았다는 것이다.

직장만 다니던 딸자식이 큰살림 못 하고 찔찔 울까봐 장남을 피해 가려고 선을 여러 번 보게 했단다. 80년대 초 핸섬한 총각들은 모두가 점지해 놓은 짝이 있고 남은 남자들은 모두가 장남뿐인지, 내가 선을 본 남자들은 다섯 손가락이 넘는 수가 모두 장남이었다.

선택의 여지가 없이 수도자의 길을 걷고 싶었으나 혼배성사로서 한 남자의 여자가 되어버렸다. 시아버님은 웃는 얼굴과 웃음소리가 여자는 예뻐야 한다고 강조하셨다.

모든 사람들은 이 웃는 얼굴과 웃음이 첫 만남의 93%를 차지한다고 말씀하셨다.

결혼 후 쌍둥이를 선물로 받았다.

혼자 손으로 쌍둥이를 기르자니 힘든 나의 모습을 지켜본 아버님은 시댁으로 들어와 함께 살자고 제안하셨다. 두 집 살림에서  한 집 살림으로 합치게 된 것이다.

아버님은 첫선 보는 자리에서 담배를 꺼내니 면식도 없는 처자가 얼른 자리에서 일어서더니 재떨이를 그분 앞에 놓아 드리는 모습에서 그저 눈에 들었다는 이야기를 나중에 들려주셨다. 아버님은 내 인생의 지도를 바꾸게 해주신 장본인이시다. 항상 새순처럼 신기하고 따뜻한 만남이었다. 인생을 살다보니 가고자 하는 길이 아주 험하고 비탈진 자갈밭 길을 맨발로 걸어야 하는 아픔도 있었지만 그 아픔을 씻겨주시는 분은 항상 아버님이셨다.

바람도 잠들고 하늘의 별들도 갈 길을 잃어버린 밤에 쌍둥이를 안고 업고 내 영혼을 달래줄 길을 찾아 헤매다가 온몸이 이슬에 젖어 엉엉 운적도 있었다.

마음이 따뜻하고 온화한 사람이라고 많은 사람들로부터 인정을 받았기에 화도 내지 못하고 항상 미소를 지으며 살아야만 했던 신데렐라와 또 다른 평강공주의 길을 가야만 했다.

아내가 남편을 위해 자기의 욕구를 참고 또 참으며 살아온 여성들이 많다. 나도 그들 중의 한 사람이었음이 분명하다. 배우자는 가정의 행복을 위해서 요구하는 배필이 아니라 서로를 돕는 배필로 살아가야 하기에 나의 욕심과 고집은 구부려 넣고 오로지 섬처럼 떠 있는 외롭고 쓸쓸한 꽃섬에 살고 있었다.

아름다움이 있는 꽃섬으로 가는 길은 망원경과 현미경이 필요하다. 나의 학벌과 재능은 망원경으로 작게 보이기 때문에 항상 고통스럽다. 하지만 남의 것은 현미경으로 크게 보이며 비교하기 때문에 내 모습이 작아 보이고 항상 부족해 보인다.

낙엽이 뚝 뚝 떨어지는 계절이 오니 지금 눈앞의 일에 취하여 옳고 그름과 근심 즐거움 모두 다 잊어버리고 있다.

모든 것을 다 내려놓은 저녁 시간, 향기로운 차 달여 마시며 꽃섬으로 가는 길을 안내하고 싶은 시간이다.

# 눈물 한 방울

옛날 자기 그림자를 두려워하는 사람이 있었다. 그 사람은 그림자에서 벗어나려 갖은 애를 쓰며 젓 빨던 힘까지 동원하여 달아났다. 그림자는 그 사람이 빨리 뛰면 빨리 쫓아오고 천천히 뛰면 천천히 쫓아오며 자꾸만 따라붙었다. 가쁜 숨을 돌리려 나무 그늘 아래 머물자 그림자는 사라져버렸다. 중국의 사상가 장자(壯子)가 쓴 우화이다.

지난 주말에 담양가사문학관에 다녀왔다. 추석연휴가 끝나고 모두들 떠난 빈자리에 왠지 모를 허전함과 빨랫줄에 젖은 수건의 개수만큼 나의 마음도 몹시 무겁게 자리했다.

민족의 대이동이 시작된 추석 연휴, 주부들은 며칠 전부터 이부자리와 주방 청소, 그리고 집안 대청소가 시작된다.

여느 해의 명절이 그랬듯이 주부들은 음식 만들기와 차례상 준비, 상차리기와 설거지로 인하여 뒷목이 뻐근하게 아프고 양측 관자놀이가 조여 오는 느낌을 받게 된다.

시집과의 갈등이 있는 여성이라면 그 증세는 더 심각해져 소화불량과 변비 그리고 헛구역질까지 수반된다.

추석 명절이 지나고 나면 부부갈등도 더 증가하고 이혼상담 사례도 많아진다.

어느 상담 사례이다. 이 여성은 내성적이며 표현을 잘 하지 않는 편이었다.

시어머니는 성격이 거칠고 전투적이라서 얼굴 고치는 것보다 성격을 다듬는 일이 더 힘들 정도라고 한다. 오로지 아들을 본인의 소유물로 생각하는 어머니를 이해하는데 많은 시간을 필요로 하고 고정화된 어머니의 성격이 변화하길 바라는 자기는 평생 고양이 앞에 쥐가 되어 살아야 한다고 한다.

시어머니는 일을 아주 잘하신다. 반면 며느리는 일의 우선순위를 가르지 못하고, 가사일 보다는 직장에 나가 일하는게 더 편하다고 한다. 남편과 큰 문제점은 없었으나 시댁에 가는 일이 죽을 만치 싫다고 하였다.

시어머니는 시골에서 어렵게 자라 자수성가한 남편을 만나 오로지 아들만을 바라보고 산 해바라기형이며 아주 검소한 전형적인 시골 시어머니였다. 그런데 요즘 며느리의 아침 기상시간과 남편의 아침상 차려주기 등이 쉽사리 되지 않았기에 예고 없이 찾아온 시어머니의 눈에 거슬리기 시작하였다. 그때부터 시댁에 가면 사사건건 간섭을 하고 못마땅한 표정으로 복어가 이를 갈 듯 아주 눈빛이 싸늘해졌다고 한다.

며느리는 일을 못하기에 많은 시간을 투자하며 잘 보이려고 노력을 하였으나 언제나 헛수고였다고 한다.

또한 명절, 기념일, 집안 행사 때마다 인정을 받기 위해 백화점을 몇 바퀴 돌며 시어머니께 선물을 드리지만 펴보지도 안하고 울 아들이 번 돈으로 선물을 사왔다며 호통을 치고 촌스럽다고 구박을 한단다.

또한 내담자가 가장 문제시 하는 점은 큰 며느리의 흉을 다른 며느리들에게 보며 아예 상종을 하지 말라고 하니 동서들 앞에서 자존심이 손상되었나고 한다.

시댁 방문 때마다 울고 나와야 하고 아예 발걸음도 못하게 한단다.

벼가 누렇게 익어갈 무렵이면 진지하게 상담을 했던 클라이언트가 생각나고 또 어떻게 변화되었는지 무척 궁금하기도 했다. 나와 다르다는 이유로 인정을 못해준다면 이와 같은 현상이 일어나기 마련이다.

연휴가 끝나는 날 귀향길은 가을비가 추적추적 내리고 있다. 이번 명절에도 얼마나 많은 사람과 사람끼리 부대끼며 마음고생을 했는지 바라보지 않아도 빤히 보이는 것 같다.

모두가 서럽고 모두가 불쌍한 사람들, 마음이 허해지면 증

오의 싹은 웃자라 행복을 덮어버리고 만다.

시어머니의 입장은 이랬다. 아들 와이셔츠는 언제나 구겨져 있고, 산더미처럼 쌓여 있는 빨랫감, 냉장고 안에는 음식이 상할 정도로 집안 일을 소홀히 하며 버리는 음식이 너무 많다는 것이다. 방안은 정리가 되어 있지 않으면서 홈쇼핑으로 사들인 상품들이 방안 가득하다는 이야기. 카드 빚이 많아 이해가 안 간다고 했다.

마음을 다친 사람들끼리 오늘은 '그림자가 쉬고 있는 정자' 식영정(息影亭) 툇마루에 앉아 호수의 푸른 물을 바라보며 쫓기듯 살아온 일상을 잠시 접고 여백의 쉼표를 찍을 수 있으면 참으로 좋겠다. 전라남도 담양(潭陽)군 남면에 위치한 식영정은 광주호를 발끝에 거느리고 성산(星山)을 마주한 언덕배기에 고매한 선비처럼 가부좌를 틀고 우리를 크게 부르고 있다.

가무잡잡한 손때 묻은 식영정 툇마루에 앉아 잔잔한 호수를 바라보면 눈길이 시원해지고 푸른 대나무 숲을 기웃거리다가 대숲 바람소리에 다른 세상의 나를 발견하게 된다.

식영정 입구에는 '송강 정철 가사의 터'라는 돌비석이 세워져 가사문학의 요람임을 알려준다. 가파른 돌계단을 오르면 노송아래 정철이 지은 '성산별곡(星山別曲)'을 새긴 커다란 대리석이 눈에 띈다.

또한 손만 뻗으면 닿을만한 거리의 소쇄원(瀟灑園) 은 자연과 절묘한 조화를 이룬 탁월한 건축공간으로 한국 정원의 특색을 잘 보여 주고 있다. 소쇄원 들머리의 울창한 대숲도 가슴이 답답하고 일이 엉킬대로 엉킨 사람들은 시커멓게 타 버린 마음 대신 새로운 가을의 찬 기운이 가슴에 흥건히 젖어 며칠 동안 내 안에 머물렀던 짜증과 원망을 댓바람에 실어 보낼 수 있으리라.

더 이상 여자를 울리지 말라

탈무드에서는 "아내를 이유 없이 학대하지 말라. 하느님은 그녀의 눈물 한 방울을 세고 있다" 라고 전하고 있다.

우리 모두 물에 젖은 창호지 같은 기분을 가을 햇살에 말려보자. 그리고 잠시 마음을 비우고 나를 힘들게 했던 그분들을 위해 기도하고 용기를 내어 화해를 청해보자.

그리고 마음이 식어지기 전 그림자가 쉬고 있는 식영정에 올라가지 못한다면 나지막한 산이라도 올라가 푸른 소리를 내보자.

# 가슴에 바르는 약

새날이 또 밝았다.

그리움을 가져다 주는 강한 햇빛이 오늘은 힘이 없다.

무성했던 나뭇잎들은 이젠 낙엽이 되어 이름표 없는 무덤을 만들고 있다. 심란한 바람에 낙엽이 새떼처럼 몰려들었다. 한동안 나무 밑에서 떨어지는 잎사귀들을 머리에 꽂고 쓸쓸히 서서 갈 곳이 정해지지 않은 낙엽처럼 나도 방향을 잃고 헤매고 있었다.

과연 나는 어디로 가고 있는 것일까? 나로 인하여 누구의 가슴이 구멍 나지 않았는지 바람에 기대어 묻고 또 물어본다. 내가 그의 자리를 빼앗아 앉기라도 하지 않았을까? 그의 입에 들어갈 음식마저 내가 먼저 집어오지는 않았는가?

나의 집착으로 인하여 우리 자녀가 얼마나 힘들게 살고 있었는가? 교화되지 않을 상대로 말미암아 얼마나 많은 상처를 주고 받으며 살아왔을까?

방안을 둘러보아도 요즘 내 손 닿았던 것이 별로 없다. 있는 그대로를 유지시킨다는 게 얼마나 힘든 일인지 안 해 본 사람은 모른다. 가을이면 집안의 모든 물건들은 침묵을 지키며 마른 풀꽃처럼 자리를 지키고 있을 따름이다. 내가 그 무엇 때문에 발목이 잡혀 살아야 하고 그 무슨 이유로 발목을 잡고 욕심을 부리며 살아야 할까?

빗물에 젖은 낙엽들은 가슴으로 떨어져 내린다. 나는 그대들을 흔드는 바람이고 싶다. 참 곱고 예쁘게 살고 싶었던 내 가슴으로 눈이 부신 햇살을 타고 나뭇잎이 와르르 떨어진다.

가을이 가기 전, 가슴을 아프게 했던 그대들을 불러 약을 발라주고 아픈 가슴을 위해 노래를 불러주고 싶다. 나에게는 오직 한 사람인 엄마와 아들한테 용서를 빌고 싶다. 제대로 딸자식 노릇을 못한 죄와 넉넉한 엄마가 되어주지 못한 죄책감이 날 괴롭힌다.

여름 내내 인고에 시달려 상처만 받고 살았다. 나보다 힘든 그대들을 안아주지 못하고 상처 난 자리에 또 상처를 받아 아물지 못한 채 햇살에 찔리고 빗방울에 맞아 마음이 골절되어 내 가슴은 시퍼렇게 멍이 들어 아무도 모르게 속으로 울고 또 울다 잠이 깼다. 남의 마음을 아프게 하고 싶지 않았는데 살다보니 마음과 뜻이 제대로 만나지 못했나 보다.

많은 사람들을 만날 때 머리보다 가슴으로 사랑을 한다. 머리로 만난 사람은 날 버리고 떠나지만 가슴으로 만난 사람은 두고두고 나를 뜨겁게 달군다.

조용한 찻집에서 찻잔에 수많은 얼굴을 담아보고 뜨거운 생명력을 지닌 그들을 위해 찐한 미소 한 방울 떨구고 싶은 날이다.

# 그를 위한 작은 샘

꽃망울을 터뜨리는 길을 지나노라면 가슴이 사정없이 두근거린다. 옷깃에 스민 향을 따라 벌과 나비가 뒤쫓아 올 정도로 매혹적인 향기이다.

세월에 붙잡혀 오가지 못하는 사람들은 꽃이 피고 지는 것에는 관심이 없고, 같은 곳을 바라보아도 각자 바라보는 방향이 다르다. 서로가 사랑이 가득 차 있을 때면 보고 있어도 한없이 그리운 그대이기에. 사랑이 깊어지면 깊어질수록, 나의 사람에 대한 그리움 또한 못 견디게 짙어짐을 아는가?

한 남자를 사랑하면서 가슴을 훑어 내리는 아픔과 눈물, 고통이 묻은 한 자락의 긴 한숨, 하지만 이제는 곰삭은 젓갈이 밥맛을 찾아주듯, 애간장이 녹아내려 포기를 했는지 늘그막에 철이 들었는지 자꾸 또 다른 내일이 기다려지니 희망이 보인다.

햇살이 내려와 나른한 오후, 나를 조르며 산에 가자고 했다. 봄비가 내리는 날, 혼자란 생각이 그토록 외로워 이런 재촉에는 얼른 채비를 하고 떠나야지 했지만 걸어서 구이까지 갈 생각은 손톱만큼도 하지 않았다.

남녀가 처음 만나면 지구의 끝이라도 마다치 않고 동행하자 했건만 싫은 건 어쩔 수 없었다. 그런데 어린 아이처럼 좋아하며 티셔츠와 지팡이를 손에 들고 길을 나서니 내 마음은 온통 먹구름이 잔뜩 내려앉았다. 봄볕에 그을릴 생각을 하니 심란하고 교통편이 좋은데도 불구하고 굳이 걸어간다 하니……. 하지만 은근히 포기할 것을 기대하면서 출발했다.

시내를 빠져나가 시골길에 이르자 마음이 푸름으로 가득했다. 내 나이 환갑이 되면 도보순례를 한다하니 "안방에서 해우소 까지" 하며 날 웃긴다.

봄을 애타게 기다린 사람은 봄의 아름다움을 더 느끼게 된다. 매화 향기에 취해 소녀처럼 너울거리며 꽃을 따고, 제법 키가 자란 쑥과 불미나리 그리고 아기 손바닥만 한 머위와 돌나물, 그리고 고수 잎을 따며 저녁 식탁을 생각하니 재미가 뭉게구름처럼 피어올랐다.

작은 계곡의 물은 어디서 몰려왔는지 콸콸 흐르고 자란자란한 그 안을 들여다보니 피라미와 중태기의 모꼬지였다. 배추 시래기 푹 삶아 채에 거른 중태기로 탕을 끓여 주면 소주 한 잔 하면서 좋아할 것을 생각하니 즐거웠다. 중태기들이 떼로 몰려와 도구 없이 손으로 많이 잡았다. 또한 소리를 지를 만큼 다슬기가 까맣게 다닥다닥 붙어있었다. 얼마나 흥겹게 긁어 모았는지 물멀미가 나서 어지러움증이 났다. 계곡물은 차갑지만 물속에 담긴 내 손이 처음으로 예뻐보여 까르르 웃었다. 너무나 좋아 콧노래를 부르며 산천구경하며 걷고 또 걷다보니 지치지도 아니하고 목적지에 도착하였다.

겨우내 얼어붙은 잔디 이불을 덮고 부모님은 산 속에서 아무 말씀이 없었지만 그와 나는 술을 따르고 안주를 챙겨 곱게 절을 올리고 나니 콧등이 시큰해졌다.

이순을 바라보는 나이에도 부모님이 보고파 아내를 조르는 그를 바라보니 걸어서 오길 잘했다는 생각이 든다. 생후 처음으로 이 길을 걸어 왔다는 그는 어릴 적엔 도라꾸(트럭)를 타고 다녔던 그 길을 오늘은 쉬엄쉬엄 긴 시간동안 세월을 낚으며 구이까지 걸어 온갖 들꽃과 새소리 물소리를 함께하니 젊은 시절로 되돌아간 봄날의 데이트였다. 내 마음 속에는 그를 위한 작은 샘이 있다.

나의 삶 전부를 걸어, 당신이란 사람 사랑하고 싶다. 살다가 버리고 떠난 빈집처럼 봄이면 많은 이들이 떠난다. 가는 길목 막아 놓고 매화의 향기로 붙들고 싶다. 내가 부족하고 가난한 생각은 스스로 만족하지 않을 때 일어난다.

하얀 고무신 신고 흔들리며 서로를 부축하는 노부부를 보니 젊을 때, 있을 때 잘하라는 명화를 보여주는 것 같다.

# 아직 남 주기는 아까워

화사한 꽃들이 앞 다투어 피는 사월은 마냥 아름답기만 하다. 게으른 탓인지 겨울을 왈칵 좋아하지 않아 봄을 목 빠지게 기다리는 마음으로 사월을 보내고 있다.

애태워 기다린 봄은 나의 가슴에 언제나 푸른 희망을 안겨준다. 어느 할아버지의 빈 손 빈 가슴 이야기는 이렇다.

젊은 시절에 직장생활을 하며 남부럽지 않게 살았지만 늘그막엔 텃밭 마른 고춧대처럼 엉성한 모습으로 누군가의 도움을 받고 사는 할아버지.

무슨 이유인지는 모르나 삶의 무게가 무거워 생을 포기하고 싶었다. 소주 세 병과 수면제 한주먹을 움켜 쥐고 당신의 마누라가 누워 있는 풀 잔디에 엎드려 의식불명 상태였다. 해가 식어가도록 인적이 없는 깊은 산 속에서 사경을 헤매고 있을 즈음 누군가의 예리한 짐작에 혹시나 하는 마음으로 산소에 가 보았더니 혼수상태였다.

평소 할아버지는 할머니가 보고 싶을 때마다 아무도 몰래 소주 한 병을 들고 산에 올랐다. 아내의 텅 빈 자리를 원망하며 술 한 잔 따르고 무덤에 핀 풀꽃을 꺾어 가슴에 안고 우시던 할아버지.

삶은 할아버지를 너무나 힘들게 했나 보다. 젊은 시절엔 나 아닌 남의 시간에 끼여 살았기에 홀로서기는 두려움으로 다가왔고 기름기가 없는 삶은 너무나 버석거려 할아버지는 하루하루가 무척 힘든 모양이었다. 만약 할아버지가 잘못되었다면 이 시대를 사는 우리 모두가 공범인 셈이다.

티격태격 싸움하는 부부들을 보면 할 일이 없으니 쓸데없이 싸운다는 생각이 든다.

만약 집에 불이 났다거나 가족이 사경을 헤멘다면 그들은 싸우겠는가? 우리들은 큰 사건 앞에서는 말이 없다. 아주 사소한, 치약을 눌러 짜는 방법이 다르다는 이유로 혹은 양말 벗어놓는 습관을 이유로 목을 내걸고 싸운다.

배우자가 아파 병상에 누워 있다면 그까짓 치약이 문제고, 양말을 어떻게 벗어 놓은들 그리 문제가 되겠는가? 모두가 사치스런 행위일 것이다.

배우자가 저 세상에 간 후 모든 사람들은 "잘해줄걸" 한다. 그래서인지 "있을때 잘해" 라는 가요가 한때 유행하기도 했었다.

그냥 부르기는 해도 의미를 따져보면 상당히 매력 있는 가요이다.

어느 날 그가 입원을 하였다. 제일 먼저 병실을 찾아와 기도해주며 나의 손을 뜨겁게 잡아 준 선배가 너무나 고마웠다. 선배 부부는 언제나 오누이처럼 둘이서 다닌다. 여행도 식사도 언제나 빛과 그림자처럼 사이좋은 어린아이들 마냥 아름다운 모습을 나에게 보여 주셨다. 늘그막엔 선배처럼 둘이서 은빛인생을 즐기려 했던 어느 날 문자가 날아왔다. 아파 있을때 잘해주라는 간단명료한 글이 내 가슴 정곡을 콕 찔렀다.

"아직 남 주기는 아까워. 잘 하소" 너무나 가슴에 와 닿아 눈물이 났다. 병실을 나오니 거리는 너무나 환해 작은 눈을 제대로 뜰 수가 없었다. 이 좋은 계절에 있어야 할 곳이 아닌 병실에 머문다 생각하니 가슴이 또 다시 아려 온다. 바람이 불자 아무종도 모르는 분홍꽃은 하염없이 내 가슴에 내려앉는다. 마치 나비가 되어 공중을 한 바퀴 뱅뱅 돌아 모든 꽃잎은 나의 발밑에 내려 앉아 꽃길을 만들어 주었다.

그래, 꽃이 핀 나무에 나는 싱그런 늘 푸른 이파리가 되어 배경이 되어주는 거야. 울긋불긋한 꽃이 더 돋보이게 말이다.

# 나 홀로 있을 때

'저녁 드시고 성당 다녀오시고 잘 주무시고 아침 거르지 마소.' 짧은 문자 같은 손 편지가 식탁 위에 납작이 누워 있다. 1박 2일 연수를 떠나며 아내를 못 믿어 급한 시간에 몇 자 남기고 간 그를 생각하니 마음이 별로 편하지 않았다. 밤새 술이 이기나 자기가 이기나 시합장에서 돌아온 사람마냥 대자로 누워, 그를 피해 다니느라 잠도 설치고 토끼 눈처럼 빨갛게 하고 직장에 다녀온 나한테 필요 이상으로 다녀오시고, 잘 주무시고 하는 어투는 어울리지 않았지만 미안해서 그런 모양이다.

그의 편지 글 대로 저녁 약속을 지키기 위해 누룽지를 끓이고 배추김치를 꺼내 머리만 자르고 예쁜 접시에 담아 왔다. 나 스스로 옹색함을 펼쳐 보인다 하겠지만 한참 맛 든 이 김치 맛을 어이하랴.

내가 직접 배추씨를 뿌리고 물을 주고 벌레를 잡아 준 배추가 노랗게 포기가 차 김장을 했다.

학창시절 나와 성씨가 똑같은 친구의 자취집에 가면 정갈한 앞치마를 두르고 밥상을 차려주던 친구가 있었다.

고3의 친구는 콩나물 위에 파란 줄기의 실파와 통깨 그리고 홍고추, 실고추까지 곁들여 밥상을 차려주는 센스며 예쁜 커피 잔으로 나에게 물을 갖다 주었다.

독신생활을 할 때 나도 그처럼 얌전을 내보았다. 혼자 먹는 밥상이지만 세 발 달린 양은상에 다섯 가지 반찬을 만들고 항상 찌개를 끓이고 나물과 조림을 만들어 혼자 먹어도 가장 예쁜 접시에 가지런히 담아 우아하게 앉아 밥 먹기를 즐기다보니 친구들이 놀러오면 시집가도 되겠다는 소리를 아끼지 않았다.

주방 접시는 선물 받으면 그 자리에서 포장을 벗겨버리는 습관이 있다. 그릇만큼은 예쁜 걸로 담아 연출하고 싶었다. 그러나 지금은 혼자 먹는 밥상일수록 간단해진다. 입에 맞는 반찬 하나만 꺼내 놓고 좋아하는 음악을 들으며 먹다보면 산해진미가 필요 없다. 또한 요즘은 가족이 있으면 오색을 맞추어 차리지만, 혼자 있으면 아주 간단하게 먹는다.

오늘도 궁상맞게 김치 한포기의 행복을 누리고 싶었다. 간혹 숨겨진 잣이 나올 때마다 젓가락으로 집어주던 그이가 곁에 없지만. 이런 날 누가 불러주면 좋겠다. 오후 내내 전화기는 말이 없다. 기러기 깃털보다 더 가볍게 저녁 시간을 즐기고 있다. 이따금 심심하면 말랑거리는 곶감을 꺼내 하얀 분을 털어내며 한입에 물고 나면 서글피 우는 바람도 내게는 상관없다.

나나무수꾸리의 Love Story를 들으며 빛바랜 나의 옛 추억을 꺼내어 넘겨 본다.

쓸쓸히 김치나 깨무는 열녀를 잊으면 간이 큰 남자다.

# 내 탓

문소리에 깜짝 놀라 습관적으로 시계를 보니 새벽 3시 반이다. 어둠의 시간에 왜 문을 들락거릴까? 담배 한 모금 빨아 허공에 날리며 그대는 별빛에 취해 있을지도 모른다.

얼마 전 의사의 말이 마음에 걸렸는지 집안에서는 피우지 않는다고. 강하게 변명하는 그의 말이 우습기도 하고 금연을 못하는 그가 안쓰럽게 느껴진다. 건강한 사람들이 갑자기 쓰러지고 입원하는 모습을 보면 건강은 건강할 때 지켜야 함에도 불구하고 너무나 과신을 하는 사람들이 많다.

추석연휴 때의 일이다. 결혼한 지 몇 개월 안 되는 신혼부부가 고향집에 내려오는 길에 하룻밤 묵고 가자하니 연휴가 길어 이틀은 엄마 집에서 자야한다는 신랑과 티격태격 부부싸움이 벌어졌다.

차 안에서 계속 다투었으나 결론이 나지 않은 상태에서 휴게소에 이르게 되었다. 화가 치민 남편은 차안에 상의를 벗어둔 채로 밖으로 나와 버렸고, 울분을 참지 못한 여자는 그만 차를 몰고 혼자서 도주하고 말았다.

즐겁게 보내야 할 명절이 눈물로 얼룩져 내리고 돈 한 푼 없이 휴게소에 남아있는 새신랑은 오갈 데 없이 닭 쫓던 개 신세가 되어 버린 채 우두커니가 되고 말았다.

편모슬하에서 외아들을 일류대학에 가르치기까지 얼마나 많은 고통이 있었겠는가? 명절날 새 며느리의 밥상을 받아 보기는 커녕 시댁에 오다가 다시 가버린 망측한 일을 당했으니 홀어머니의 마음을 아프게 하는 불효자가 따로 있겠는가?

남부끄러운 일이 어디 그 집뿐이랴, 시어머니 홀로 사는 집에서 이틀 밤 사고 가면 하늘과 땅이 뒤바뀌어진다고 하였던가? 남편을 이해하고 설득하는 방법도 있을 텐데 그렇다고 자기 혼자 자동차를 몰고 휭 가버리면 혼자 남은 남편은 어떻게 하란 말인가? 지갑과 모든 소지품이 차안에 있는데 누구의 차를 타고 가란 말인가?

이 사실을 안 어머니는 장래걱정을 하면서 "나는 걱정 안 해도 된다. 너희 둘만 행복하면 되니 앞으로 내 걱정은 말아라." 하며 울었다고 한다.

식사준비를 다해놓고 깨워도 일어나지 않는 며느리, 큰 동서는 교회 다닌다는 이유로 시집에 발도 내밀지 않고 그래서 시집 온지 삼년도 안 된 새댁이 제사를 지내는 이야기가 끝나자 다른 사람이 또다시 시작한다. 동서의 속 마음을 모르겠다고 속상해 하는 여자.

시대가 변화한다고 해도 기본 예의는 있어야 하는데 학교에서 가정에서 그들은 무얼 배웠는지 알 수 없다.

명절날 아침에 밭에 나가 일하는 노인을 보면 가슴이 아프다. 멀리 있는 자식들이 오지 않아 속이 부글부글 끓으니 감당치 못해 밭에 나가 억센 풀을 뽑고 있다.

명절, 참으로 어렵다. 즐거워야 할 명절이 시부모와의 갈등, 형제들과의 재산 싸움 등 오히려 마음에 영원한 상처만 남기는 참으로 안타까운 일이다. 부모의 용돈과 선물 그리고 조카들 용돈도 챙기고 오가는 기름값까지 계산하면 가계지출이 심하다.

명절 직후의 상담소는 전화벨이 끊이지 않고 울린다. 이혼을 결심한 사람들이 많다는 것이다.

미성숙된 인격에서 오는 것이기에 서로 대화를 많이 하고 상대방을 이해해야 할 것이다. 큰 동서와 작은 동서들끼리 잘 지내야 하고 부모님도 그들을 차별해서는 안 된다.

일 년에 단 몇 번 만나는 피붙이들이니 서로가 배려하는 마음과 존중하고 사랑하는 마음이 있다면 이런 갈등은 없을 것이다. 어쩌다 가끔 나로 인해서 양지바른 날보다 그늘이 많은 날들이 많을까 걱정이 된다. 명절이 되면 망망대해에 한 척의 배가 되어 외로운 사람이 너무나 많다. 항상 이 맘

때가 되면 잠을 이루지 못하고 줄담배를 피우는 이유는 뭘까? 아랫층에서도 또다른 창에서도 계속 담배연기가 스며들고 있다. 장남은 생각이 깊어져 잠들지 못하고 있다. 멀리 떨어져 있는 그대들이 밤마다 찾아오는 이유는 뭘까?

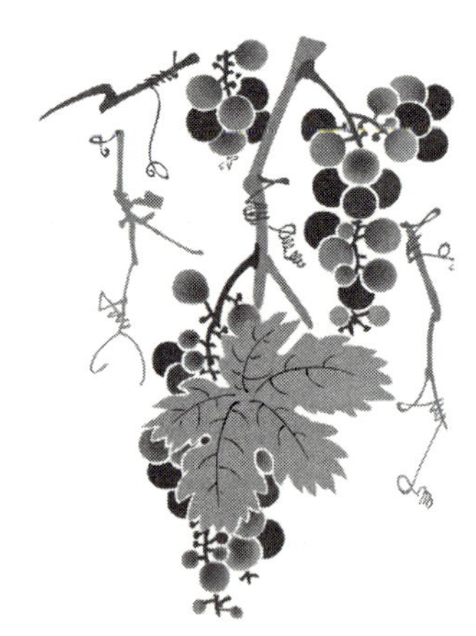

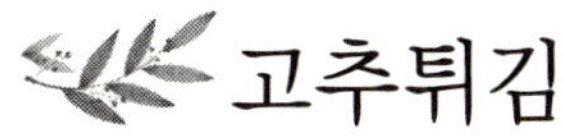

# 고추튀김

이십대에 시작한 모임을 환갑에 이르기까지 정을 이은 교육자들의 모임이 있었다. 나이의 장벽도 넘고, 행정과 교육의 어울림이 되어 회장은 여럿이 바뀌 진행하였으나 총무는 한 사람이 30년 동안 이어갔다. 오죽하면 '세상에 이런 일'에 나와야 하지 않겠냐고 웃어대던 총무. 그 총무로 인하여 다른 모임에서 총무를 일 년하고 임기가 끝났다고 사양하면 통하지 않았다는 전설로 남은 일화가 있었다.

한 이불을 덮고 살아도 성격이 완전히 다르다. 동인지 책을 그들에게 전달하면서도 쑥스러워 그냥 손에만 조용히 전달하는 나와는 달리, 책의 페이지와 제목까지 미리 확인을 하는 꼼꼼함이 있다.

상대적으로 다름과 차이에 대해 이해를 못하면서도 어떻게 부부가 되었는지 살면서도 가끔은 의심스럽다. 모임에서 해

물탕과 해물찜으로 맛있게 먹고 소주와 맥주병도 탁자 위에 일렬로 줄을 쫙 세워놓았다.

싱싱한 꽃게와 전복 그리고 살찐 갑오징어, 쭈꾸미, 키조개 여러 가지 해물을 먹으며 그들의 빛바랜 추억담이 오갔다. 헤어짐이 아쉬워 다시 들어와 2차를 하고 또 다시 남자들은 정치이야기에 열기가 가득 찼다. 이 모임은 부부동반이라 빠질 수가 없다. 병들어 참석 못하고 이 세상과 작별하여 못가는 것도 한심할 일인데 살아있으면서 남자 홀로 보내기는 모양새가 안 좋다는 게 나의 이유이다.

써빙하는 분한테 팁을 두 빈이나 주고 기분이 좋은 남자는 집에 돌아왔으나 밖에 또 나가고 싶은지 소화가 안 된다고 보챈다.

밖에 운동하러 나간다고 분명 그랬는데 조금 후 전화가 울렸다. 제과점 앞인데 어떤 빵을 먹고 싶은지 내게 물었다. 밤이 깊었으니 그냥 들어오라고 하였으나 날 위해 간식거리를 또 사고 싶다는 그의 자상함에 어쩔 수없이 한 개만 사오라 했다. 그런데 손에 들고 온 것은 빵이 아닌 고추 튀김이었다. 나는 빵으로 알아들었는데 그는 튀김이라고 말했단다. 서로의 귀를 의심하는 수밖에…….

무엇이든지 다 사주고, 먹이고 싶은 그의 관심이 나에게는 짜증으로 돌아오니 그 일을 어찌 할꼬. 이튿날, 아침부터 그걸 또 먹으란다. 하는 수 없이 젓가락으로 입에 가져오는 순간 너무 맵더란 생각에 또 불안하였다. 매운 음식을 소화시키지 못하는 아내의 상황도 모르면서 먹는 모습을 보고파 하는 마음을 모르겠다.

매운 것만 먹으면 배가 아파 얼굴이 찡그려지는 약간은 미성숙한 여자 같아 미안하지만 먹는 것만큼은 내가 선택했으면 좋겠다.

여고시절 3년 동안 하숙하는 친구와 나의 식성이 서로 달라서 힘이 들었다. 그 친구와 나는 자란 곳이 산촌과 평야지대라는 차이점이 있었다. 친구는 김치만 좋아했고, 난 까다로운 것은 아닌데 내 도시락 반찬으로 김치가 있으면 싫어했다. 결혼 후 김치를 먹기 시작하였으나 고춧가루가 들어가지 않은 나물이 더 좋았다.

그런데 고추튀김을 먹으면 뭘 준다고 은근히 날 달래며 뒤에 감추고 있는 봉투를 살짝 보여준다. 그것은 내게 필요한 구두 상품권. 한 장의 상품권에 눈이 어두워 나는 바보가 되고 싶었다. 30년 동안 매달 빠짐없이 봉사해 준 총무에게 회원들이 준 선물이었다.

상품권에 눈이 어두워 매운 고추튀김을 먹는 내가 자존심도 상하고 초라한 생각도 들었지만 남편의 장난기와 나에 대한 그의 사랑을 외면할 수 없었다. 남편, 그는 30년의 무거운 옷을 벗어던지니 시원섭섭함과 근원을 알 수 없는 외로움과 고독 그리고 더 많은 것들이 밀물처럼 밀려와 맨 정신으로 잠들기 어려워 나에게 이벤트를 마련했나보다.

# 제4부

# 75센티미터의 거리

# 아무도 모르는 약속

하늘빛이 곱다. 작은 가슴에서 천둥소리가 들리던 날 벽에 기대어 운 적이 있다.

온 산을 흔들어 깨우는 새들의 소리가 애절하다. 신성함을 그대로 간직하고 있는 아침산은 부지런히 겨울나기를 준비한다. 여름내 풍성한 나뭇잎 속에 들어있던 영양분을 분해시켜 다른 곳에 저장하고 나뭇잎을 곱게 단장시켜 땅으로 돌려보내려 한다. 새봄에 잎을 피워내기 위한 생존전략인지 모르겠다.

수북이 쌓인 노란 은행잎을 밟으면서 인갑답게 사는 길이 어떤 길인지 배움의 갈증은 그해 가을도 어김없이 나를 괴롭혔다. 바람이 불어 단풍진 나뭇잎들이 비처럼 쏟아져 날린다. 이처럼 삭막한 가을이지만 연못가에 서걱대는 갈대 잎 소리도 정겹고 두 남녀가 어깨를 나란히 기대고 걸어가는 모습도 아름답기만 하다.

하얀 억새풀을 찾아 떠나고 싶은 날이 많아지니 나이 든 탓일까. 철따라 자기 차례가 되면 순서를 지키며 피고 지는 많은 꽃들. 애기 손톱만한 꽃으로부터 크고 작은 갖가지의 꽃들을 바라보며 여유를 부리고 싶은 날들이다.

학창시절 나에게 꿈을 적어보라고 해서 현모양처라고 했다. 철이 든 다음 작가가 되고 싶었고 선생님이 꿈이라고 했다. 내 꿈은 다 이루어진 셈이다.

늘그막에 시골학교에 들어가 아이들과 풍금 치며 노래하고 나의 젊음을 고스란히 태우고 싶은 꿈이 있었다.

발령통지서를 받고서 삼일이 지나도록 누구에게 자랑을 하지 못하였다.

아마 꿈은 아니겠지. 눈을 뜨면 모두 제자리로 돌아갈 것만 같아 눈을 감은 채 그대로 있고 싶었다. 그런데 꿈은 아니었다. 내가 그토록 좋아하던 산 그림자를 바라보며 아이들의 재잘거림이 그칠 줄 모르는 시골의 조그마한 학교. 나의 직장이 아니라 편안한 쉼터 같았다.

그곳에서 아홉 살의 아이를 만났다. 다 귀엽고 예쁘지만 유난스레 선생님의 관심을 독차지하고 싶어 첫 날부터 나의 주위를 맴돌던 아이. 엄마가 계시지 아니한 아이한테 내가 꼭 필요했던 것이다. 그래서인지 아주 강하게 성장하여 전혀 엄마의 빈 자리를 눈치채지 못 할 만큼 의젓하고 똑똑한 아이였다.

그런데 드디어 나의 손길이 필요한 시간이 되었다. 수업 도중에 침을 질질 흘리며 손가락을 입 안에 넣고 계속 이를 흔들고 있었다. 신경이 쓰여 공부가 되지 않은 모양이다.

쉬는 시간에도 거울 앞에 나와 계속 이를 흔드는 아이에게 살며시 물었다. 내가 해줘도 되겠니? 하고 그랬더니 고개를 살래살래 젓는다.

다시 불러 무릎 위에 앉혀 놓고 이런 저런 이야기하며 치아는 시간을 놓치게 되면 예쁘게 자라지 않으니 무엇이든지 제 때에 해줘야 한다며 설득을 했다.

그리고 재미난 이야기를 해줄게 들어 보라고 하고 힘껏 잡아당겼다. 내 아이 둘은 치과에서 이를 뽑지 않았다. 이가 흔들리면 언제나 내가 뽑아주었기에 이 뽑는 일은 자신이 있었지만 오늘은 달랐다. 내 딸이 아니기에 겁이 났다. 드디어 이가 빠져나오는 순간 아이와 나는 쳐다만 보고 아무 말도 못했다. 며칠이 지나자 끈 떨어진 샌들을 들고 나한테 왔다. 바늘로 꾹꾹 눌러 신발을 기워주고 실내화 한 켤레를 사서 몰래 가방에 넣어주었다. 이튿날 책상 위에 말랑거리는 곶감이 있었다. 하얀 분이 묻어있는 곶감의 양은 제법 많았다. 누가 가져왔는지 아무 말도 없었다. 곶감을 좋아하는 내가 3일간 보고 있노라니 고문이었다. 퇴근길에 교실 모퉁이에서 달려나온 아이는 오미자와 무말랭이를 안겨주며 "선생님, 오늘

곶감 가져가지 않으면 곰팡이 피어요." 하고 어디론가 금방 사라져버렸다.

나에게 딸이 없었는데 딸이 하나 생겼다. 그래서 집에 있는 간식과 아이한테 줄 선물을 살 때 가장 행복하였다. 방학을 하자 선생님이 보고 싶다고 하여 오라고 하니 아이 아버지가 우리집까지 데려다주어 2박 3일 동안 위탁모가 되는 영광도 안았다.

그 아이는 가슴이 메추리알 만하게 부풀어 올랐다. 할머니 대신 성교육도 시켜야 하고 책도 읽혀야 하고 내가 할 일이 많아졌다.

내 가슴 한복판에 들어와 앉을 그런 널찍한 평상 하나 마련하여 아이와 날마다 목젖이 보이도록 웃으며 살고 싶다.

오늘도 들깨색 부츠를 신고 가을 향기를 맡으며 절로 신이 났다. 그 아이가 결혼할 남자친구가 생기면 나에게 먼저 함께 달려와 인사를 한다고 했는데 그 약속을 지킬 것인지.

# 마음의 밥상

백발의 머리에 아침 해가 걸려있다. 초췌한 할머니의 눈망울은 꽃샘추위에 매달린 눈물처럼 하얀 그리움으로 내게 다가왔다. 검정봉지에 이것저것을 주섬주섬 담으며 나의 손목을 잡고 어린아이처럼 떼를 쓴다.

정장 차림으로 검정봉지를 들고 다닐 수 없는 나의 손이 고개를 저어댄다. 여러 번 망설임 끝에 도리도리하는 내 마음을 달래어 횡단보도를 건너다 말고 다시 돌아와 노파 곁으로 다가갔다. 날씨가 추우니 어서 집으로 가시라며 남은 푸성귀를 몽땅 떨이를 하고 지폐를 건넸다.

검정봉지를 들고 나타나니 내 모습이 우습던지 직원들이 바라보고 어설픈 웃음을 웃는다. 구멍 난 봉지의 여기저기에서 초록빛 푸성귀들이 나오려고 야단들이다. 구태여 설명을 하지 않아도 될 그 사건을 생각하면 웃음부터 나온다.

꼬깃한 봉지 여기저기에 황토 흙이 묻었다. 아마 이른 새벽에 이슬을 털고 뽑은 열무와 상추이기에 정갈한 마트에서 구입한 상품과는 비교가 안될 만큼 허름한 포장이었다. 짐이 한 개도 아니고 두 개나 되는데 이걸 어쩌나 싶어 보는 이마다 가져가라고 사정을 하였다. 누군 내가 장사를 하는 줄로 알겠지만 이른 아침에 마음이 약한 탓에 도움을 드린다는 것이 나에게는 처치가 문제였다. 용기를 내어 모두들 가져가라고 하였지만 느낌이 이상했는지 그냥 지나치는 직원들. 첫 번째부터 거절당했다. 상추는 우리 집에도 많이 있는데……. 두 번째는 억지로 주면서 거짓말로 내가 농사지은 거라고 했다.

할머니가 사 달라는 말에 안쓰러워 팔아 준 상추가 처치곤란의 상황까지 가다니……. 다행히 또 다른 분한테도 역시 거짓말로 내가 농사지은 거라고 속이고 건네주었다. 판매목적이 아님에도 불구하고 등줄기에서 땀이 비 오듯 흐른다.

사실 몇 해 동안 손바닥만 한 농사를 지어보았다. 봄에 상추씨앗을 뿌려 가꾸다보면 이파리가 넓적하여 솥뚜껑만하다. 손만 대면 부서질 정도로 연하고 부드러워 내가 가꾼 상추를 먹어본 사람은 또 없냐고 묻는다. 그래서 열 집 이상 나눠 먹고도 길가는 사람들한테도 한 줌씩 나눠주면 처음엔 어색해하지만 무농약의 먹을거리라고 하면 주저하지 않고 받아 간다.

상추고동이 올라오면 하얀 뜨물 같은 눈물을 흘린 그 자리에 고추를 모종한다. 풋고추를 따먹는 재미도 쏠쏠하다. 오가는 이도 내 맘을 알았는지 주인 허락도 없이 그냥 자기 것마냥 수시로 따간다. 어느 해 알타리 무를 심었다. 하얗고 뾰족한 그것이 땅 위에 삐죽이 고개를 내미는 순간부터 내 가슴은 기쁨으로 두근거리기 시작한다. 연두색 옷을 입은 부분은 위로하고 땅속에 절반가량 숨기고 있는 하얀 속살의 무를 뽑아 올리려면 환한 미소부터 나온다. 어릴 적 6학년 때 야간수업을 하고 이슬 내린 찬 밭에 들어가 튼실한 무를 뽑아 옷에 쓱쓱 닦아 한입에 베어 물던 가을무 맛은 배보다도 달디 단 보약중의 보약이었다. 아까워서 뽑지 못하고 아껴두었는데 어느 날 밭에 가보니 한개도 남김없이 모두 뽑아가 버렸다.

밭두렁에 앉아 울고 싶었다. 여름 내내 고생해서 직접 보살핀 녀석들을 끝까지 지켜주지 못해 미안한 마음을 금할 수 없었다. 그 사람의 마음 씀씀이가 어땠기에 흔적도 없이 뽑아가다니. 필요하면 다 줄텐데 말이라도 하고 가져가지 왜 그랬을까? 자기 것으로 착각했을까? 오매불망 난 어이하라고…….

옆에서 보고 있던 그가 말한다. 우리 가족이 먹지 않아도 그동안 무가 자라는 모습에 행복했으니 서운해하지 말고 우리보다 더 필요한 사람이 뽑아갔을 거라고 생각하란다. 밖에 나가 있는 자녀가 있어 항상 나눔을 잘하려 했는데 이건 나의 상식으로는 이해하기 어렵다.

그 후론 밭에 나가지 않았다. 그런데 이듬해 봄이 오니 또다시 몸이 가려운 이유가 있었다. 인간은 세상이 디지털화가 되면 될수록 아날로그 세대의 정서가 더 그리워지는지 모른다.

밭에 농작물을 심고 난 후부터 기미도 많이 올라오고 손도 거칠어져 매력없는 손이 되고 말았지만 그저 무농약의 채소를 먹기 위한 나의 생각이었고 잡초를 매다가 황금팔찌도 땅속에 묻고 말았는데 모든 것이 헛되고 헛되었다.

하지만 제철에 나는 무농약의 채소를 이웃과 나눔을 하며 벌레도 잡아주고 때로는 배추를 갉아먹는 달팽이를 잡아다 아이들을 주면 좋아했던 그 모습들이 좋아 아픈 다리 질질 끌며 농사를 짓는 일이 재미있었다. 아니 푸성귀로 마음의 밥상을 차려 그에게 쌈 꺼리를 제공하여 건강을 지켜주고 싶은 욕심이었다면 부연 설명이 필요할까.

세상은 희망이 있고 아름다우며 이런 재미에 살맛이 난다. 종은 쳐야 소리를 낸다. 감사는 종과 같다고 하였다. 아무리 감사한 것이 있어도 소리 내어 말로 감사하지 않으면 안 된다. 내가 나눌 수 있는 상추 한 이파리가 그들에게 행복을 주며 그들은 내가 준 상추로 입을 쩍쩍 벌리며 입안 가득히 행복을 집어 넣을지도 모른다. 알타리 무의 서운함이 이제 상추의 푸른빛으로 밝아지리라 믿는다.

## 머리와 가슴 사이

우리들은 사랑, 젊음 ,행복, 여유가 뭔지도 모르고 헐레벌떡 앞만 보고 뛰어 왔다. 숨가쁘게 가슴을 움켜 쥐고 뒤를 살며시 바라보는 순간 내게 주어진 풍성했던 모든 것들이 차츰 떠나가고 있음을 느끼게 한다. 젊음의 마음도 녹이 슬어 이제는 시들해진다. 자꾸만 무미건조해지는 일상 생활 속에서 모든 것이 변하고 허물어져 간다는 것을 느끼지 않을 수 없다. 잠시 힘들었던  삶을 뒤돌아본다.

그래서 일을 하면서, 혹은 산에 오르면서 자신의 건강상태에 따라 쉼표를 찍어준다. 적당한 쉼이야 말로 미래를 위한 좋은 에너지이며 행복이다. 그런데 중요한 것은 우리 인생의 악보에는 쉼표가 없이 계속 연주를 해야 하기에 연주자인 내가 엿장수 마음대로 쉼표를 찍어가며 연주를 해야 할 때가 많이 생긴다. 쉼표 없는 글도 마찬가지이다. 아무리 좋은 글이라도 쉼표 없이 계속 읽어 내려가다 보면 숨이 막혀 좋은 글이 될 수 없는 것처럼 쉼표 없는 인생은 메마른 나무와 같다.

벽에 걸린 세탁물을 모조리 세탁기에 넣고 행복이란 세제를 듬뿍 넣어 돌린다. 한 잔의 국화차를 목에 넘기는 순간 가장 행복한 여유로움을 가져본다. 거기에 국악명상곡을 곁들이고 가랑잎 지는 풍경을 바라보고 싶다.

어느 날 실내에서 모자 쓴 여인을 봤다. 분위기상 모든 분들이 정장을 입고 있는데 그 여인은 모자를 둘러쓰고 비스듬히 앉아 꾸벅꾸벅 졸고 있었다. 그냥 편안한 마음은 아니었다. 모자를 눌러 쓴 여인보다 보는 내가 더 못 견디고 있었다. 금방 다가가서 "모자 좀……"하고 싶었으나 용기가 나지 않아 참았다. 나의 성격은 전형적인 A형이다. 나중에 알고 보니 그 여인은 항암치료를 받는 중이었다. 머리가 다 빠져나가 하는 수 없이 모자를 쓰고 외출을 한다고 했다. 얼굴이 화끈거렸다. 하고 싶은 말을 참았다는 게 얼마나 다행인지 입술을 손으로 꾹꾹 눌러주었다.

어느 장소를 가든 모든 사람들은 할 말이 너무나 많다, 다른 사람의 이야기를 귀담아 듣지 않고 내가 하고 싶은 말을 생각한다. 이야기의 쉼표가 나오기가 바쁘게 다른 이야기를 하지만 듣는 사람들은 없다. 모두가 자기 이야기만 하고 있을 뿐이다.

말이 없는 친구가 있다. 언제나 조용히 듣기만 한다. 혼자 말하는 모습이 너무 귀엽다고 자꾸 이야기를 해달라고 보챈다. 하지만 그 친구는 할 말이 없어 말을 안 하는 게 아니라 말을 아끼는 것이다. 그래서 그는 친구가 많지 않지만 실수도 없다. 쉼표를 좋아하는 그 친구는 손으로 입을 막고 웃는 아주 조용한 성격이다.

나의 머리와 가슴 사이에 무엇이 있을까? 거리는 얼마 안 되는데 내 삶을 머리에서 가슴까지 끌어내리는 데에는 경우에 따라 한평생이 걸릴지도 모른다.

누구나 맘만 먹으면 금방 전화 한통이나, 직접 찾아가 말하는 용서와 화해의 길이 있지만 머리와 가슴 사이 30센티의 거리가 사람에 따라서는 몇 년 혹은 수십 년, 아마 평생 해결을 못하고 눈을 감을 수도 있다.

항상 마음속에는 흔들리는 꽃이 살아 있다. 머리와 가슴이 따로 놀기 때문에 혼란스러움이 있다. 버스 안에서 손장난했던 종이부스러기를 차안에 버리자는 머리와 버려서는 안 된다는 가슴이 늘 싸움을 한다. 머리는 하지 않으면 안 된다고 말하는데 가슴은 해야 한다고 할 때 머리와 가슴 사이의 길이는 얼마나 길고 긴지 가늠해야 한다. 머리와 가슴만큼의 거리에서 우린 날마다 나 자신을 달래며 산다.

삶의 쉼표를 찍고 한동안 자취를 감춘 친구. 그는 흔들리고 삭아져 내리는 인간관계의 아픔 때문에 세상에 쉼표를 찍는다고 하였다.

허구한 날 똑같이 이어지는 삶 속에서 자신의 빛깔은 바래져가고 쉼표 없이 도도히 흘러가는 타성의 흐름에 지금 우리는 떠내려가고 있다. 이제 우리는 자신의 뿌리를 살피며 적당한 쉼표를 찍어가며 생나무가지를 찢는 아픔에서 벗어나야 할 것이다.

머리와 가슴 사이에 다리 하나가 있다고 생각했다.

그러나, 그 다리는 건널 수 없다는 것을 전혀 몰랐었다.

## 영원한 고통에 신음하는 삶

어머니가 보고 싶었다. 상노인이 되어버린 어머니가 보고 싶은 날이면 일이 손에 잡히지 않는다.

먼 길을 걸어가는 곳도 아니고 길이 막혀 오가지도 못하는 그런 곳도 아닌데 쉽게 나서질 못하는 걸 보면 바보치고는 왕 바보이다.

12월이 되니 벽에 달랑 남은 한 장의 달력이 안쓰럽게 찬 바람에 덜덜 떨고 있다.

김장을 마치고 나면 어김없이 찾아오는 징크스. 그것은 불청객의 감기이다.

몇 날을 앓고 나니 아이처럼 엄마가 보고 싶었다.

아픈 모습으로 전화하면 걱정을 끼쳐드릴 것 같아 참아내고 있었는데 나의 손 전화에 부재중 전화가 3건 있었다.

확인해보니 여든 일곱 된 할머니의 손으로 딸이 보고 싶어 누른 번호였다.

"야, 느그 전화는 뭔 영어 노래가 그렇게 멋지게 나온다냐? 전화요금만 많이 나오지 않는다면 하루 종일 듣고 싶은디." 라고 엄마는 말씀하셨다.

갑자기 날씨가 추워지니 군에 간 외손자가 걱정되어 전화했다고 하신다.

"엄마 . 제가 받지 않으면 얼마든지 음악을 들어도 전화요금 나오지 않아요."

"야. 그럼 그 노래가 뭐냐? 너무 듣기 좋더라."

"네. 어느 소녀에게 바친 사랑입니다."

아직도 엄마의 가슴은 젊은 감성이 남아있나 보다.

얼마 후면 망구(望九)가 되어가는 주름진 가슴에도 아직 감미로운 음악이 앉을 자리가 남아있는데 모든 이들은 이제 늙었으니 그냥 상관하지 말고 보고만 있으라하니 그게 통할 만한 일인가?

삭풍을 이기지 못하고 문풍지 떠는 밤.

어린 자식들을 마른명태처럼 줄 지어 뉘어 놓고 긴긴 겨울 밤 엄마는 바느질을 하셨다. 정 많은 딸자식은 자는 척 눈을 감고 엄마의 콧노래를 훔쳐 들으며 홀로 된 엄마가 가여워 이불속에서 울었다. 지금 생각해보니 가시리와 비스므레한 자작곡이었다.

동생과 다투어도 엄마는 항상 어떤 이야기를 들려주시며 생각해보라 했는데 커서 알고 보니 황희 정승 일화를 들려주며 인간관계를 가르치신 것 같았다.

시집가는 전날 밤도 가문에 먹물을 묻히지 말라셨다. 그냥 뭔 말씀인지도 모르고 그 말씀을 하신 엄마의 약속을 지키기 위해 참고 또 참으며 살다보니 그것을 이해하는데 꽤나 긴 시간이 걸렸다.

마지막 달이다. 거리는 온통 크리스마스와 연말 준비로 가득하다.

수북이 쌓인 낙엽을 밟으며 새봄을 맞이하기 위해 한 잎도 남기지 않고 모조리 떨궈버린 나무처럼 나의 조각난 인생을 한데 엮는 일에 열정을 다하고 싶다.

누구나 한 번쯤 한 해를 돌이켜보며 반성해야 할 시간이다. 인생은 절대로 우리가 계획한 그대로 되지 않는다는 것이다. 지금 돌이켜보면 자신의 의지와 상관없이 전혀 다른 방향으로 나가고 있음을 깨닫게 된다.

어머니의 자녀교육과 어머니의 감성적인 그런 모습들을 지켜보며 은근살짝 어머니의 피가 흐른 탓인지 하여튼 문인으로 소개가 되며 남은 인생도 글을 쓰는 작가로 남고 싶다. 그래서 그 공간을 마련하고 내게 다가오는 모든 새날들을 생기가 넘치고 환희로 가득 채워 아주 멋진 날로 만들고 싶다.

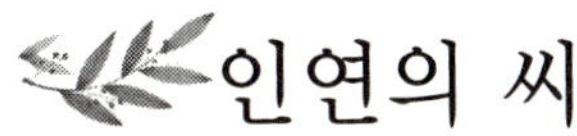

# 인연의 씨

칠레의 광부가 갇힌 캄캄한 어둠 속에서도 세월은 가고 있었다.

세상을 떠들썩하게 만들었던 기적의 한 장면을 우리는 잊을 수 없다. 지난 10월 산호세 광산 지하에 갇힌 33명의 광부들의 이야기는 전설로 남을 것이다.

금광지하 688미터에 드릴을 이용하여 그들이 갇힌 곳을 파고 들어가 탈출용 통로를 만들어 산소와 음식을 투입하고 화장실을 만들어 위생까지 신경을 썼던 일은 그들을 구출하는데 큰 몫을 해낸 성과였다.

불과 15센티미터의 구멍을 통해 음식을 전달하고 책, 카드, 게임기를 내려 보내기도 했다니 놀랄만한 일이다. 체중감량을 해야만 지상으로 올라올 수 있는 그들만의 사투. 70만 톤이나 되는 바위가 갱도로 쏟아졌다고는 하지만, 엄청난 양인데도 불구하고 그들은 살아서 모두 재생의 길에 올랐다.

만일 광부들이 이기적인 집단이거나 자기중심적이었다면 결과는 어떻게 되었을까.

이기적인 것은 자신만 챙기는 것이며, 자기중심이란 자신을 중심에 놓고 생각하고 판단하고 결정하는 것이다. 모든 인간들은 많은 고통을 수반한다. 즉 인간은 나면서부터 울음으로 시작한다.

모든 이들은 자기중심적이기 때문에 크고 작은 삶의 문제로 엮어져 인생을 살아간다.

누구든 걱정 없는 가정은 없다. 앞집, 옆집 사방을 둘러봐도 걱정과 고통 속에서 헤어 나오지 못하고 있다. 아무리 문제를 피해 도망을 가려해도 먼저 앞장서는 게 고통이다.

십대 부부는 고등학교 교복을 입은 날 화상채팅으로 만나면 거리를 오가며 사랑을 했다. 사랑의 불장난이 어린 미혼모가 되게 한 것이다. 자기 몸도 추스르지 못할 나이에 아이를 양육한다는 건 보통일이 아닌데 아이가 생기면서 여학생이 엄마라는 신분으로 바뀌었다. 어린부부는 싸움만 했다. 일자리를 찾지 못한 어린 아빠는 먼저 가출했고 집에 남은 아기 엄마도 생활고를 이기지 못해 아기를 길가에 버리고 멀리 떠나버렸다.

사랑의 불씨는 어느새 열 살이 되었다. 그 아이는 학교에서 날마다 폭력을 일삼고 심한 욕설을 하며 담임선생님을 힘들게 했다.

지금은 시설에서 초등학교에 다니지만 이 아이의 미래가 걱정된다.

하찮은 미물도 가족을 이루며 살고 있는데 홀로 남은 이 아이의 마음은 오죽이나 쓸쓸하고 아플까. 자기 의지와는 전혀 상관없이 태어났고 또 버려진 인생. 그러나 그 아이도 귀중한 하나의 인생이다. 태양은 존재하는 모든 것에 햇빛을 부여하듯 그 아이의 인생도 보호 받고 존중 받아야 한다.

국가로부터, 모든 사회기관으로부터 잘못된 만남으로 예기치 못한 부모가 되었고, 그 부모의 책임과 굴레가 두려워 무서워 도망친 그들은 무책임하였다.

학부모 총회가 열린날이었다. 엄마를 대신하여 할머니들이 많이 참석하는 요즘, 그 가정도 맞벌이 부부일거라 생각하고 학부모와 상담을 마친 후 서류 정리를 하고 있는데 퇴근 무렵 닫힌 문을 두드리는 순간 고요가 깨졌다. 일어나서 할머니를 맞이하고 한 시간 동안 상담을 마쳤는데 그 아이는 엄마 없이 할머니가 키운다고 했다.

여러 가지 사정으로 이혼을 하고 칠순이 지난 할머니가 보호한다는 말에 가슴이 아팠다. 전혀 조부모의 가정이란 게 의심이 가지 않을 만큼 분홍원피스가 잘 어울리는 그 아이의 부모는 어떤 이유로 이혼을 했을까?

사람들은 제 행로를 가는 것이 아니라 단지 남의 흉내를 내고 있을 뿐이다. 어울리지도 않은 흉내를 내는 데 한평생을 다 소진하고서 발목이 젖어 울며 탄식하다가 마침내 팔자를 원망하기 시작한다.

한 가지의 나무에서도 어느 감은 붉게 익어가고 어느 감은 땡감으로 생을 마감한다. 가을바람에 떨어지는 나뭇잎처럼, 우리도 언젠가는 가야 할 길을 알고 떠나야 함에도 불구하고 우선 자기의 이익만 추구하게 된다. 그러다보니 가정의 평화는 깨어지고 이혼율도 많아진다. 이런저런 이유로 할머니와 내가 보호자 역할을 하기로 하고 수시로 연락을 하면서 지냈다.

죽음만이 영원한 이별은 아니다. 살아있으면서도 만나지 않고 밤이 오면 다른 얼굴로 한 사람은 방에서 또 한 사람은 거실에서 일명 거실부부가 탄생했다. 사람과 사람 사이가 멀어진 우리 사이에 섬이란 다른 걸림돌이 우뚝 서 있다. 부부 사이, 부모와 자식, 이웃과의 거리도 갈수록 멀어져만 간다.

잘못하면 실수로 넘어질 수도 있다. 하지만 잘못하여 넘어졌다가 아주 일어나지 못하고 가슴이 식은 채로 사는 부부가 많으니 문제이다.

두 사람이 만나 의견 충돌 없이 산다면 무관심이다. 그의 관심을 내게로 잡아당겨 그와 같은 생각과 마음을 자주 나누어 보고 내가 그를 좋아하므로 그가 있는 곳에 다가가야 한다. 그가 좋아하는 일을 해야 하고 나 중심이 아닌, 그의 중심으로 파고드는 것이 사랑이다. 사는 것이 별 것이 아니다.

싸우고 나서 등 돌리고 각방 쓰고 밥도 안 해주고 하룻밤 남남이 되어버리면 균열된 그 자리를 메우기 위해서는 삽으로 산을 옮기는 것처럼 더욱 힘들게 된다.

골이 깊을수록 메우기가 어려우니 골짜기를 내는 일은 삼가고 또 삼갈 일이다. 부부가 살아가는 이유는 인연의 씨 때문이다. 하늘에서 내린 인연의 씨를 키우는 것은 부부의 몫이다. 그러므로 인연의 씨가 자라고 여물어 아름다운 꽃을 피울 때까지 어떤 역경에도 굴하지 않고 두 손 꼭 붙잡고 살아가길 바란다.

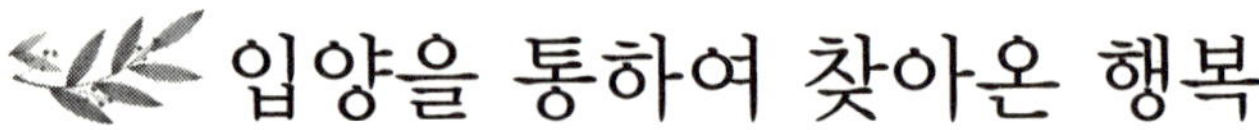

# 입양을 통하여 찾아온 행복

온고을에 사는 지인 몇은 입양을 하였다. 행복한 삶을 사는 게 부러워 입양을 생각해 본 적도 있었다. 부부 사이에 아이가 없어 메말라 가는 부부들을 위해 입양을 권하고 싶다.

자기다운 색깔로 자기답게 살고 있을 때는 감사와 환희로 넘실거리지만, 그렇지 못할 때는 괴로워 방황을 한다. 단 한 번 밖에 살 수 없는 자기 몫의 생을 쓸데없이 낭비하며 산다고 느껴질 때는 모든 것을 버리고 그냥 집을 나서고 싶을 때가 있다.

언제부터인가 집을 떠나 여행하고 싶었다. 배낭도 없이 편안한 바지차림으로 일상 일탈을 시도하는 자유인이 되어 야간열차를 타고 떠났다. 하늘에 떠있는 구름마저도 아주 가벼운 솜털 구름이었다.

차창 밖으로 보이는 빈 들판의 논들은 반듯하게 잘라 놓은 두부처럼 모양을 유지하였고, 세상 어디를 보아도 눈이 내려

온통 은빛세계이다.

마음이 심란할 때 자주 가는 곳이 거제 앞바다이다. 하늘빛과 물빛이 똑같아 그 안에 있는 내가 둥둥 떠내려가는 것 같다. 도착하여 제일 먼저 가고 싶은 곳은 거제시장이었다. 시장 전체가 갓 건져올린 대구들이 판을 치고 있었다.

건강한 남자 팔뚝만한 길이의 담회갈색의 대구는 입이 무척 크다. 한 상자에 두 마리 담아놓고 십만 원이었다.

대구는 알이 많아 볼록한 배를 터트리면 한 대야는 쏟아낸다. 요즘은 알을 인공수정 하여 방류하게 되면 모태 회귀성을 이용하여 알을 낳으려고 그곳에 오는 대구를 손쉽게 잡을 수 있다고 하여 이맘 때가 되면 시장엔 완전 대구들의 퍼레이드이다.

대구 한 마리만 준비하면 머리는 매콤하게 찜하고, 내장은 탕으로 시원하게 만들고, 한 쪽 살은 전을 부치고, 다른 한쪽은 삐들삐들 말려 초고추장 찍어먹으면 그 맛 대단하리라.

눈이 내릴 때, 대구 알을 터트려 파, 무, 생강, 마늘을 넣어 7~8일 발효해서 먹으면 요즘같이 독감 든 환자들의 입맛을 잡기에 아주 좋을 것이다. 독감으로 며칠 입맛을 잃었는데 시원한 대구탕이 먹고 싶었다.

대구를 보면 생각나는 친구가 있다. 그 친구 나이는 동갑인데도 불구하고 살림을 잘하고 모든 면에서 언니 같아서 무조건 좋아했다. 어느 날 신혼 단칸방에 와서 잠을 자고 가는 용기 있는 친구. 그 친구가 대구요리를 잘하기에 잊혀지지 않는다. 그런데 그날 밤 친구는 결혼하면 입양을 한다고 하였다. 입양이 서투른 우리 한국 사회에서 그녀는 무척 앞선 생각을 하였던 것이다. 출생을 통하지 아니하고 가족관계를 형성하는 유일한 수단을 이 친구는 삼십 년 전부터 계획하고 있었던 모양이다. 미혼자의 입양을 허가하는 문제에 여론이 많았던 우리 사회. 한국 국적을 가지고 장애가 없으며 적당한 경제적 능력이 되고 만 25세 이상으로 결혼을 하여야 하고 아이와 50세 미만의 나이 차이가 있어야 하며 입양 아동을 포함하여 세대 안에 아이가 5명 이내여야 한다는 원칙을 친구는 미리 숙지했던 모양이다.

입양한 아이가 지금쯤 애기 엄마가 되어 있을 친구가 갑자기 보고싶다. 여행지에서 만난 대구가 한창인 엄동설한에 대구와 입양의 연관성이 무엇이기에 이렇게 생각이 났을까?

## 향긋한 꽃바람

아이들은 새로 피어난 연초록 잎. 한 아이가 울먹이며 일찍 보내 달라고 한다. 오늘은 엄마와 만나는 날이란다.

자세한 이야기는 듣지 못했으나 엄마가 돈 벌어 오면 가족이 같이 산다고 말했다. 지금은 할머니와 아버지 형 이렇게 살지만 이제 엄마도 가끔 만날 수 있고 옷도 사준다고 힘주어 자랑했다.

그 아이의 말이 머리에서 지워지지 않아 미명의 시간에 산에 오르니 한 눈에 들어오는 건 붉은 십자가들이 꽃처럼 피어 있는 모습들이다.

새벽안개를 젖히고 오고 가는 자동차들의 행렬은 마치 쥐새끼들이 왔다 갔다 하는 모습으로 비추인다. 지난해 폭설로 인해 부러진 가지가 나무에 악착같이 붙어 생명을 이어가는 모습이 그 아이를 보는 것 같아 눈물겹다.

앞 다투어 한꺼번에 핀 꽃들이 세상을 웃음짓게 하는데,

그늘진 곳에서 몸을 숨기며 지내는 쉼터의 가족들과 가까운 곳에 꽃 나들이 갔던 일들을 끄집어내며 혼자서 숲속의 길을 걸어본다.

보랏빛 작은 얼굴의 제비꽃이 가늘게 흐르는 봄바람에, 흔들리는 모습이 가여워 쭈그리고 앉아 두 손으로 얼굴을 만져주었다. 같이 간 아이들과 엄마들도 바람에 날리는 꽃잎을 머리와 가슴에 붙이고 나비처럼 유희를 한다.

은발이 귓가에 한 두어 올 물들어 오는 고운 멋으로 풍겨지는 아름다운 여인들. 그들은 사랑받아야 함에도 사랑을 받지 못하고 찬란히 쏟아지는 봄의 햇살가루를 스스로 피하고 있다.

찔레꽃 향기 흐르는 그날을 손꼽아 기다린다. 꽃 한 줌 따서 오월의 들판을 뛰어다니며 손바닥에 물이 들도록 그 애랑 손잡고 파란 하늘을 주름잡아 목에 두르고 싶다.

다가오는 오월은 제발 가정의 평화를 빌고 싶다. 한 지붕 밑에 거하는 인연으로 만나 자녀를 낳았다면 자녀를 양육할 의무까지 있다. 별거로 인하여 봄에 돋아난 새싹 같은 아이들의 가슴에 피멍이 들지 않게 해야 한다.

"선생님, 비밀인데요. 저 아이도 저와 같이 엄마가 없어요."

"너는 엄마가 없니? "

"나는 아빠가 없는데……"

"그건 괜찮다. 난, 둘 다 없다."

어느 날 세 아이의 대화이다.

어쩜 아무런 일도 아닌 것처럼 말을 하는 모습들이 천연덕스러워 듣는 나의 가슴 한 쪽이 저려왔다.

변덕이 심한 사람을 일컬어 봄 날씨 같다고 하지만 요즘 같은 날씨에 반팔을 입혀 보내고 오리털 파카를 입히는 부모가 있는가 하면 싸늘한 날씨인데도 양말을 신지 않아 시린 발가락을 꼬물거리는 모습을 보면 왜 그리 마음이 무거운지 모르겠다.

오월이면 많은 부부가 탄생한다. 그와 반대로 많은 부부가 이별하기도 한다.

제발 이번 오월에는 휘파람새가 되어 나뭇가지를 지키는 아름다운 가정이 되길 바란다. 그리하여 해맑은 아이들의 눈에서 광채가 흐르도록 그리고 환한 웃음이 나오도록 하는 것이 우리 어른들이 해야 할 몫이다.

산에 걸린 벚꽃들이 마구 웃어대는 계절엔 피돌기가 빨라져서 응급실에 간다 해도 많이 웃고 싶다.

향긋한 꽃바람이 부는 날 그 아이의 집에서는 웃음소리가 나겠지.

# 75센티미터의 거리를 두고

광주에 도착하니 어여쁜 선녀가 애타게 기다리고 있었다.

항상 담양 떡갈비를 대접하고 싶다는 그녀의 청원에 모처럼 휴일을 맞아 찔레꽃 흐트러지게 핀 길을 달려간 보람이 드디어 이루어지는 순간이었다.

무안 낙지와 영광 조기정식을 놓고 동전이라도 던져 결정을 해야 할 때 모싯잎 송편쪽으로 기울어 탁 트인 바다와 아름다운 해안선을 따라 그곳으로 달렸다.

해가 머리 위에서 자글거릴 때 제일 먼저 반기는 것은 길가의 키 작은 해당화였다. 철망 사이로 손을 내밀어 악수를 청하였다. 해당화의 꽃잎은 고운 한지로 만든 꽃 같았고 또한 매혹적인 향기는 순하디 순한 여인의 향기와 같다. 긴 해안선을 달리다 보니 영광 법성포 굴비가 눈에 보이기 시작하였다. 이곳 굴비는 법성포의 특수한 자연환경과 서해에서 불어오는 하늬바람의 영향으로 건조방법이 특이하여 맛이 좋다고 한다.

우리들이 먹고 싶었던 굴비의 유래는 이자겸이 지금의 전남 영광군에 있는 법성포라는 곳으로 귀양을 가게 되었다. 기가 막힐 정도로 맛있는 조기 맛에 반해 임금께 바쳐야 한다는 생각이 들어 조기를 천일염으로 절여서 법성포 앞바다의 바람으로 잘 말려 임금께 바쳤다고 한다.

그런데 이자겸은 이같은 행위가 자신의 죄를 감면받기 위한 아부행위가 아니라, 백성된 도리로서 행하는 것으로 이 음식을 '굴비(屈非)' 즉 비겁하게 굴하지 않는다는 뜻으로 이름 지어 바쳤다고 한다.

삐득삐득 말린 굴비의 맛을 본 사람이라면 짭조름한 갯바람 냄새에 해당화 향기로 버무린 법성포를 다시 찾아가고 싶은 맛과 멋의 고장이다.

우리가 찾아간 음식점은 호텔처럼 긴 복도에 양쪽으로 즐비한 방이 칸칸이 준비되어 손님 접대용이나 가족, 연인들이 와서 식도락을 즐기는데 좋은 분위기였다. 종업원이 18명이나 된다고 하니 아주 잘 나올 것 같은 남도 상차림을 생각만 해도 입안에 침이 자꾸만 고였다.

조기장아찌, 굴비구이, 박대찜, 홍어찜, 토하젓, 어리굴젓, 전유어, 새우튀김, 꽃게장, 꽃게무침, 그밖에 멀리 있는 반찬은 설명하지 않아도 될 만큼 부지런히 먹고 빈 접시를 내 놓아야 할 정도였다.

처음엔 얌전스레 먹는다고 젓가락으로 깔짝거렸지만 두 팔을 걷어 올리고 먹어야 제 맛을 느낄 것 같아 질펀하게 앉아 늦은 점심을 맛있게 먹었다.

식사 도중 자꾸만 모싯잎 송편에 눈길을 보내는 나에게 종사원이 포장용기를 가져다주며 싸가라고 했다.

꽃게장에 밥을 비벼 먹고 짭조름한 목마름은 어이할꼬.

해안선을 따라 영광 백수의 '한국의 아름다운 길 100선' 중 전국에서 9번째로 아름다운 도로에 선정된 곳으로 향하였다. 동해안을 빰치는 풍경들이 해당화와 함께 연출되었다.

초록빛 송편을 한 박스 사서 손에 쥐어준다. 손쉽게 구할 수 없는 음식이어서 얼른 받아 인사도 제대로 전하지 못하고 왔지만, 그 안에는 그녀의 정성과 환히 웃는 미소까지 담겨져 있었다.

우리의 우정도 모싯잎 송편처럼 굳어지지 않는 촉촉함으로 언제나 입안을 즐겁게 해주는 돔부콩 같은 슴슴함으로 이어지길 바라는 마음이다.

사람과 사람 사이 가장 가깝게 정이 느껴지는 거리는 75센티미터인 만큼, 멀리도 더 가까이 다가서지도 않는 언제나 이 거리를 유지하며 지내고 싶은 나의 사람이다.

굴비 맛과 모싯잎 송편같은 그런 만남을 유지하기 위해서 모양은 없어도 속 알갱이가 꽉 찬 서로가 되자고 해가 뉘엿 뉘엿 질 때 서로 약속을 하였다. 사람답게 잘 살려면 날마다 만보를 걷고, 천 자의 글을 읽으며, 날마다 백 자의 글을 쓰고, 열 번 이상 큰소리로 웃고, 일일일선(一日一善)하자고 하였다. 그리고 오늘처럼 마음이 움직일 때 억누르지 말고 집을 나서는 아름다운 하루 여행도 하나 첨가하여 아름다운 삶이 소멸되지 않도록 하자고 하였다.

# 책은 정신의 근육

봄기운을 흠뻑 머금은 대지 위로 수많은 봄꽃이 고개를 내민다. 꽃망울을 터뜨리며 봄노래를 시작한다. 춥고 움츠렸던 마음을 활짝 열어 젖히고 우리는 새롭게 봄을 기다려야 한다. 새 잎을 피워내야 한다.

아직 추위에 떨고 있는 사람들을 많이 본다. 그들은 마음이 빈곤하기에 그러하다. 자기 자신에게 여유가 없는 사람은 주위 사람들한테 나누어 줄 것이 없다. 어떤 사람이 가치 있는 인생을 살았는지는 그 사람이 생전에 얼마나 모아 두었는가가 아니라 얼마나 나눔을 하였는지에 따라 그 사람을 평가한다.

나눔은 물질적인 나눔을 들 수도 있겠지만, 정신적인 나눔, 그리고 우리의 정신적 지주인 책과의 나눔이다. 복잡한 사회구조 속에서 우리가 주위에 엄청난 사람들과 함께 모여 살고 있지만, 때때로 많은 시간을 자신이 혼자라고 느끼며

멍히 시간을 허비한다.

거리에 사람들은 많지만 정작 자신과 마음을 나눌 수 있는 사람은 진정으로 그리 많지 않다

바람이 부는 잿빛 하늘이면 꼼짝도 하기 싫고 팔짱을 낀 채 집안을 서성이다가 TV를 켜기도 하고 컴퓨터 앞에 앉았다가 드디어 한 권의 책을 읽으면서 어수선한 생각을 차분히 잠재운다.

어느 집에 들어섰을 때 그윽한 라벤더향 보다는 묵은 책에서 뿜어 나온 향기가 우릴 더 유혹한다. 집안에 들어서면 그 집의 서재만 봐도 그의 삶을 엿볼 수가 있다. '책이 없는 방은 영혼이 없는 육체와 같다.' 정치가(키케로)의 말이 있다. 독서는 소중하다. 책은 마음을 살찌우는 보고(寶庫)이다. 그러나 우리들은 시간이 없다는 핑계로 책읽기를 거부하며 살아가고 있다.

삶이 무미건조해지고 소모된다는 느낌이 들면 책방을 찾는다. 지갑에 현금은 없어도 언제나 도서상품권은 서너 장 가지런히 넣고 다닌다. 그리고 독서 방법이 달라졌다. 이전에는 새 책을 사면 손에 침을 묻히지 않고 곱게 읽어 내려갔다. 하지만 지금은 사정없이 밑줄을 그으며 읽는다. 그 내용을 만나는 이 마다 전달해주고 놓친 부분을 실천해보려 부단한 애를 써 보기도 한다.

우리는 기억한다. 마라토너로서 성공한 이봉주는 매일 12

킬로를 달리는 연습을 하고, 가수는 한 곡을 취입하기 위해 2,000번의 노래를 부르고, 세계 최고의 발레리나인 강수진은 250켤레의 토슈즈를 갈아 신어 남들이 2~3주 신는 토슈즈를  하루에 4켤레를 갈아 신은 적도 있었다고 한다. 노력 없이는 아무 것도 해낼 수가 없다. '하루라도 책을 읽지 않으면 입안에 가시가 돋는다'는 안중근 의사의 명언을 생각하면서 독서는 하루라도 거르면 아니 된다.

요즘 우리들은 금전보다는 건강을 제일로 꼽는다. 아프지 않고 오래 살기 위해 운동은 매일 빼먹지 않고 열심히 한다. 그런데 독서는 어쩌다 시간나면 시간을 메우기 위해 하는 사람들이 많다. 책은 정신의 근육을 만들어 주며 온몸 구석을 파고들며 건강한 피를 나른다. 흙탕물에 매몰되어가는 자신을 지키기 위해 책을 꾸준히 읽어야 한다. 책 읽는 시간을 따로 떼어두고 생활화하여야 한다. 그것은 지혜의 샘이기 때문이다. 책은 자신을 바로 서게 하고 굽어진 길을 돌아보게 하며 삶의 이정표를 제시해 준다.

책이 주는 심리적 안정감은 무엇과도 바꿀 수 없다. 새로운 사람을 사귀듯 책과 사귀어 보라고 권하고 싶다. 독서는 말하게 하는 지식의 역할이고, 또는 듣게 하는 지혜의 특권이라고 전하지 않았는가?

# 가슴에 바람 불던 날

꽃샘바람이 매몰차게 불어오는 날 길거리에서 한 소녀를 만났다. 걸음을 제대로 걷지 못하는 그 소녀를 안아주고 싶었지만 잠깐 망설이고 있는데 점점 허리를 굽히며 고통스러워하고 있었다. 아마 통증으로 인하여 수업을 더 이상 받지 못하고 조퇴하는 길인가 싶었다. 상태가 아주 위급해 보여 얼른 다가서며 조심스레 물었다.

"체했니? 아님, 생리통인지?"

소녀는 파리한 입술을 덜덜 떨며 췌장수술을 했는데 그 자리가 아프다고 했다. 집에 가면 어른이 계시냐고 묻자 아무 말 없이 흐느껴 우는 학생을 모른 체하고 돌아설 수가 없었다.

어머니는 몇 년 전 아버지의 술주정과 잦은 폭력으로 가출을 한 상태이고 자기는 아버지와 함께 살던 중 아버지의 알코올 중독에 못 이겨 1366으로 신고를 하여 청소년 쉼터에 입소했다고 한다.

어린 중학생 소녀는 아주 쉽게 울었다. 아파서 우는 것인지 자기 삶이 서러워 우는 것인지 쭈그리고 앉아 우는 모습을 보니 차마 그 자리를 떠날 수가 없었다. 바람이 세차게 불었다. 마음이 서러워 울고 있는 그 애의 가슴을 바람마저 할퀴다니. 나는 너무나 가슴이 아파 스커트 자락을 훔쳐 모아주며 옆에 앉아 함께 울며 그 애의 바람막이가 되어 주었다. 못 견딜 만큼 아플 때 따뜻한 가정이 있고 함께 웃어주는 엄마 아빠가 계신다면 얼마나 좋을까?

이제 겨우 열여섯 살, 우리 엄마는 그 나이에 시집을 가셨다는데 한창 꿈 많은 나이의 그 소녀 얼굴 가득히 드리워진 깊고 어둡던 그 수심. 엄마도 없는데 또 수술을 해야 한다면 누가 간병을 할 것인지, 그리고 마취에서 깨어날 때 누가 손잡아 줄 것인지 가슴이 너무나 아프다. 소녀의 아버지는 어린 딸의 아픔을 조금이라도 알고 있을까?

매서운 바람에 함께 울어줄 친구가 필요했던지 소녀는 처음 본 나를 붙잡고 한없이 울었다.

소녀야, 미안하다.

너를 위해 할 수 있는 일이 많지 않아 정말 미안하다. 쉼터에서 내 전화를 받고 나온 직원에게 부탁을 했다. 미루지 말고 바로 종합병원으로 데려가라고. 그리고 옷을 따뜻하게 입혀서 데려가라고.

내 가슴에도 찬바람이 불어온다. 소녀야 아무런 일 없었으면 좋겠다. 다시 만날 수가 있을까. 세라복 입은 이름도 성도 모르는 그 소녀가 오늘도 몹시 궁금해진다.

# 건반악기의 울림

인간의 기억은 한계가 있다.

열심히 강의를 듣고 난 후, 그 사람의 강의내용보다 그 사람의 옷맵시, 인상, 말투만 기억에 남는다.

장대비가 몹시 쏟아지는 날 하늘에선 자르지 않은 국수가닥이 길게 꽂혀 내리고 있다. 줄기차게 퍼붓는 빗발은 열여덟 가슴을 방망이질하며 사랑에 취한 듯 시야가 흐려지며 일정한 간격을 두고 땅을 두드리는 소리는 태초의 음향처럼 사뭇 장엄했다.

어릴 적부터 어머니는 나에게 "네가 가진 보잘 것 없는 것들에 기대지 말라. 모든 것은 너를 비울 때 비로소 너를 채울 수 있다" 고 했는데 나의 꿈이 뱀 딸기처럼 빨갛게 익어갈 무렵 뽕나무 밭이 없어져 마음의 상처가 있었다.

그뿐 아니다. 소유욕이 강한 탓인지 나를 향한 모든 것이 나를 외면할 때 많이 서운하고 속상하였다.

신혼시절 단칸방에서 네 식구가 살았다. 방안에는 책상, 냉장고, 장식장, 장롱도 우리와 함께 살을 비벼대고 아이들의 울음소리를 들으며 한 방에서 살았다. 그는 꽃피는 봄부터 겨울까지 구두 한 켤레로 충분하였다. 시집 와서 아기를 낳고 몸이 불어나자 나의 신발이 작아져 새로 샀다. 그리고 한꺼번에 두 아이가 걸어 다니면서 우리 집은 식구 수보다 신발이 많아졌다. 노란 봉투에 깨알 같은 내역이 담긴 28만 원의 봉급을 받아 거금 3만 원짜리 신발장을 사왔다. 조촐한 신혼집에 옮겨온 신발장을 만지작거리며 좋아했다. 봄빛에 연초록 움들이 차오를 때 가슴 두근거리며, 아이들 손잡고 여기저기 놀러가고 싶은 날들이 많아졌다. 생각만 해도 행복감에 젖어 있을 때 신발장은 어느 날부터 천덕꾸러기가 되었다. 그가 눈치를 살피며 속도감 있게 왔다 갔다 하는 모습이 무슨 일을 낼 것 같은 느낌이 왔다. 결국 후배가 어렵게 사는데 그 집에 갖다 주고 말았다.

정든 신발장이 몸부림치며 리어카에 실려 나가는 모습을 보고 조용한 분노가 시작되었다. 온몸에서 쥐가 나고 말았다. 섧게 운 이유를 알아차렸는지 내 어깨를 감싸주며 더 좋은 제품으로 사준다고 날 달랬다.

그 이후 새 아파트로 입주했는데 화장지와 세제가 방안 가득 쌓였다. 남의 집 방문할 때 선물하자고 하였더니 또 얼마나 울려고 그런 소리 하느냐고 했지만, 난 하나도 서러울 리

없는 물건이었다.

고단한 세상살이 중에 나에게 희망을 안겨주는 물건이 있고 나에게 짐이 되는 물건이 있다. 나에게 항상 봄날과 같은 그런 밭이 있었다.

어린 시절 누에치기가 활발했던 때라 농가는 거의 양잠을 했었다. 집집마다 돈이 되는 뽕나무를 심어 열매가 새까맣게 익으면 오디맛이 달콤하여 들판을 누비는 시골아이들의 간식거리가 되었다. 신선한 오디를 마음껏 따 먹고 두 주먹 가득 담아 작은 손바닥에서 뜨거운 오디즙을 만들어 냈다.

나이 든 뽕나무는 사람들의 손이 닿지 않으면 새들의 먹잇감이 되었다. 날마다 새들이 찾아와 오디를 따 먹고 부리가 진보라 빛 색깔로 물들어 우리들 입과 똑같아 킥킥거렸다.

공직에 있는 오빠가 자전거에 네모난 상자를 싣고 왔다. 우리 집의 보물단지였다. 두 손으로 받은 누에씨가 신기하였다. 크기는 깨알만하고 털이 많았다. 그래서 우리는 털누에, 애기누에, 혹은 개미누에로 불렀다. 손바닥에 올려놓고 쳐다만 봐도 한참동안 재미나는 볼거리였다. 어린 누에는 뽕잎을 썰어 이부자리 깔아주듯 골고루 펴준다. 한 잠 두 잠 자고 일어나면 쑥쑥 자라는데 크기에 따라 자리를 옮겨줘야 했다. 식구들 모두 나와 제 몫을 해야 하지만 석 잠자고 나면 조금씩 편해진다. 뽕잎을 썰지 않고 그대로 시간을 맞춰 밥을 준다. 잠구 손질을 하면서 부르는 뽕짝 가락은 구성지고 산속 작은집의 속살은 탱글탱글 여물어갔다. 누에가 어느 정도 자라면 뽕나무를 가지로 넣어 줘도 올라다니며 잘 먹는다.

누에는 먹는 것도 질서가 있다. 가장자리에 양다리를 걸치고 찰싹 걸터앉아 뽕잎을 먹기 시작한다. 잎 부분을 갉아먹을 때는 '사각, 사각' 소리가 나지만, 잎줄기를 갉아먹을 때는 세찬 빗방울 소리가 난다. 어느 악기가 이렇게 고운 소리를 낼까.

그만큼 누에는 왕성한 식성을 자랑한다. 실컷 배를 채운 누에는 잠을 청하고 5령이 끝날 무렵 누에는 뽕잎 먹기를 거절한다. 누런 갈색으로 변하기 시작하면 고치를 짓기 시작한다. 고치 집을 짓는데 걸리는 시간은 약 60시간. 그 시간 동안 총각 처녀들도 휴가를 받아 놀러가고 읍내에 나가 목욕을 즐기며 속살에 진동이 오는 진한 멜로영화도 한 편 보고 온다. 우리 집은 잠농을 기업적으로 했던 것으로 기억되어 잠실 안에는 총각 처녀들이 아주 많아 그들이 쌓아올린 사랑탑 이야기도 밤하늘에 떠있는 별들만큼 아름다웠다.

또한 신나는 일은 누에고치 공판 날이면 돈다발이 한 뭉치 생긴다. 오빠는 하숙비와 수업료, 용돈도 듬뿍 주셨다. 온 가족과 누에치기 종사원들의 축제의 밤이었는데 빙 둘러앉아 반주 없는 유행가를 누군가부터 부르기 시작하면 배꼽 빠지기 직전에 오르게 된다. 그 시절 가랑잎만 굴러가도 웃음이 나오는데 깔깔대며 언니 오빠들 구경만 해도 너무 재미난 밤이었다.

일손이 모자라는 주말에는 고개가 비틀어지도록 뽕 자루를 이고 남학생을 만나면 창피하여 고개를 들지 못했던 일, 밤새 총각 처녀 이야기에 질세라 요란하게 울어대던 개구리 울음소리도 교향악같이 들렸던 그 시절이 그립기만 하다.

나의 오색추억이 담긴 뽕나무 밭에 한 덩이의 검은 구름이 덮쳤다. 시골에서 유학을 보낸 우리 집은 동네에서 가장 예쁜 집이었으며 마당이 가장 넓은 집이었다.

그런데 누에고치의 수출이 끊겨 집집마다 뽕나무를 캐내는 작업이 시작되었다. 아직도 나의 흑백추억이 지워지지 않는 뽕밭. 그 시절로 되돌아 가보면 길가 오이나무는 아기 손가락 같은 오이가 달려 있고 가지나무에는 오동통한 가지가 힘차게 자랐다. 하지만 지금은 상전을 지키는 강아지 짖는 소리 말고는 조용하겠지. 아침이슬을 털며 유유자적 걸어보고 싶다.

버려진 장롱 짝이나 판자때기로 반듯하게 지어진 그 속에서 총각 처녀들이 뭘 했을까? 괜스레 비 오는 날이면 호박이 떨어졌다며 전을 부쳐와 총각 앞에 놓아준 그 처녀는 지금쯤 어디에 살까.

사각사각 잠실 안에 울려 퍼지는 건반악기는 누구를 위한 사랑의 연주였을까?

시골에서 태어나 어린 시절을 풍요롭게 지낸 그 시절이 그립다. 오래된 흑백영화처럼 아련히 떠오르는 시골이 그리워 눈물이 나면 나는 우긴다. 찬바람을 맞으면 냉루 탓에 눈물이 나오는 것이라고.

제5부

# 하얀 건반과 요정

# 지나고 보면 아무 일도 아닌 것을

인간의 행복은 무엇에 기준을 둘까? 모든 이들은 건강한 정신과 육체, 그리고 객관적인 물질이 있고 난 다음, 마음에서 행복이 찾아온다고 말한다.

행복을 위한 조건 다섯 가지를 어느 철학자는 말하였다.

첫째, 먹고 입고 살기에 조금은 부족한 듯 재산이 있으면 되고 둘째, 모든 사람이 칭찬하기엔 약간 부족한 외모라면 족하고 셋째, 자신이 생각하는 것보다 절반 밖에는 인정받지 못하는 명예이다. 넷째, 남과 겨루었을 때 한 사람에게는 이기고, 두 사람에게는 질 정도의 체력과 다섯째, 상대방과 대화 중에 절반 정도만 나를 바라본다면 좋은 말솜씨이다. 이 정도라면 그는 행복의 조건을 갖춘 셈이다.

이 다섯 가지의 공통점은 모두가 조금 부족함이다. 어딘가 모르게 조금은 어설프고 부족한 면이 보여야 우리는 다가서기 쉽다. 나에게는 멋진 승용차도 없다. 외모도 들길에 밟혀진 민들레 같고, 또한 남들이 부러워하는 명예도 누리지 못하였으며, 여태껏 누구하고 얼굴 붉히며 싸워본 적이 없으니 나는 그야말로 바보이다. 그리고 상대방을 설득시키러 가서 오히려 설득을 당하고 오는 경우가 있었다.

우리는 스스로 만족하고 감사하는 마음에 행복을 느낄 수가 있다. 행복해지기 위해 사고전환을 하여야 하며 긍정적인 사고로 대응해야 행복을 맛볼 수 있다. 일체유심조라는 말이 있듯이 자신의 행복은 자신이 만들어 가야 한다. 행복은 남이 아닌 내가 만들어야 한다.

요즘 몸이 아파 그늘진 얼굴로 왜 아파하는지 자꾸 부정적인 생각만 하게 되었을 때, 차도는 커녕 더욱 더 악화되어 삶의 의미마저 상실하고 말았다. 무미건조한 삶이 나를 더욱 더 말라가게 했다.

미래지향적인 '어떻게' 로 살 것인지 아니면 '왜' 의 과거지향적인 삶을 살 것인지 각자 우리들의 몫이다.

우리는 행복의 기준을 어디에 두고 살고 있는가?

여자들은 미에 관점을 둔다. 남들에게 잘 보이기 위해 사람은 인체의 원형을 꾸준히 변형, 파괴하고 있다. 그런데 건강한 나에게도 갑자기 목이 아파 말을 못하게 되었다. 그래서 마음은 나약해지고 대인관계도 스스로 포기를 하였다. 나에게서 행복이 날아가 버린 것 같아 한없이 우울하였다. 이른 아침에 연꽃이 핀 방죽을 가보았다. 열심을 다해 걷는 행복한 사람들, 진흙 속에서 고개를 빼내 곱게 피워 올린 연꽃을 보면서 스스로 위안을 받았다. 지나고 보면 아무 일도 아닌 것을 우리는 보채고 투정을 부린다. 더 좋아질 목소리를 주실 그런 은총을 모르고 말이다.

# 하얀 건반과 요정

바람이 불 때마다 붉은 향기를 내품는 해당화가 그립다. 보기에도 예쁘장한 해당화 열매를 몇 개 따서 몰래 호주머니에 넣었다.

폐염전엔 살이 통통한 함초가 무성하여 눈만 굴리면 증도는 볼거리가 아주 많았다. 입안에서 상큼한 바다 냄새가 씹히는 담백한 함초, 머그팩을 하고 나타난 짱뚱어 가족들이 툭 튀어나온 눈망울로 육지에서 온 우리들을 호기심 가득한 눈빛으로 바라보고 있다. 개펄은 온통 농게들의 축제였다. 작은 구멍 사이로 빠른 걸음으로 들어왔다 나갔다 갖은 쇼를 다한다.

지역민들이 똘똘 뭉쳐 자연 생태보호는 어느 섬보다 월등히 잘 되어 있었다. 크고 작은 섬들을 합하면 무려 1,004개의 섬으로 이루어져 천사의 섬으로 널리 알려져 있다고 한다. 고운 백사장의 우람한 해송이 내 가슴을 향해 달려왔다.

우전 해수욕장은 이국적인 관광지로 자리 잡아 엘도라도의 풍광을 보기 위해 또 다시 가고 싶은 곳이다. 불륜을 저질러도 눈감아 줄 수 있는, 그리움이 고여 있는 섬 같은 증도. 진한 짠내 물씬 풍기는 수많은 사연을 품고 있는 섬이다.

여행은 누구와 함께 하는가에 따라 의미가 다르다. 여류작가들의 입에서는 연신 환호성이다. 하늘을 가로지르는 전신주 사이로 하얀 지붕이 길게 줄지어 하얀 전설을 말해주려는 자세로 서있다. 쌓인 소금창고는 하늘의 은하수처럼 아름다운 소금 꽃이 활짝 피었다. 사진에서 많이 봄직한 다리가 있다. 짱뚱어가 뛰는 모습을 그대로 옮겨놓은 듯한 다리는 짱뚱어의 삶을 고스란히 남겨두고 있는 듯하다.

우리 일행이 차에서 내리자마자 제일 먼저 반겨준 것은 적아백이었다. 새로 잎이 돋아난, 그 사이로 안개가 걷히지 않아 조금은 아쉬웠다. 당시 인양된 선박을 본떠 만들었다는 유물관은 도자기 몇 점만이 외롭게 손님맞이를 했다. 입장료가 없어도 좋을 곳이다. 입장료를 받으려면 볼거리도 제공을 해야 하는데 관리가 소홀한 것같아 조금은 기분이 언짢았다.

작은 섬들이 석류 알처럼 박혀있는 신안군은 소금이 많아 참 좋겠다. 우주 한 구석에서 빛과 소금이 만나 큰 작품을 잉태한 증도의 소금은 남서풍이 불면 소금이 까칠해지고 건조해서 아주 강한 맛을 내지만, 동풍이 불면 가는 소금이 많이 나온다고 한다. 증도에 떠있는 구름도 찍어 맛을 본다면 짭조름할 것 같다.

사람이 사는 집 지붕은 높은데 소금을 저장하는 곳은 지붕이 낮았다. 소금은 어둠 속에서 오래 묵힐수록 쓴 맛은 줄고 짠맛은 강하다고 한다. 사람도 그랬으면 좋겠다. 아득히 꺼져 내려앉은 소금창고 지붕의 기울기 너머로 짠 바람이 지나가면 늙은 태양은 아무 말없이 깡마른 등뼈를 내놓는다.

바람의 끝을 잡고 쭉 달리다보니 짚으로 지붕을 이은 파라솔은 지나가는 우리를 손짓하고 있었다.

은빛 실크자락이 깔린 모래사장 앞에서 포즈를 취했지만 모두들 눈을 감아 버렸다. 아마 파도소리와 바람소리 그리고 사랑하는 이의 숨소리도 들릴 것 같아 지그시 눈을 감아 버린 조신한 여인네 같은 섬. 십리가 넘는 야자수가 강풍에 팔이 잘려 나간 것은 바람과 파도가 만든 합작인 듯하다. 야자수는 그리움에 지쳐 가지가 말라 버렸는지도 모른다.

담배가 없는 천연의 섬에 꼭 데려가고 싶은 님이 있다. 만약 이 섬에 와서 담배가 떨어지면 어떤 모습으로 내게 달려올 것인지 궁금하다. 연기가 없고 아름답고 깨끗한 섬. 그 섬은 오로지 하늘과 바다와 바람이야기만 무성하다. 국내 최고의 태평염전, 우전 해수욕장, 해변을 거닐다 보면 너무나 깨끗한 섬에 슬그머니 옆 사람과 팔짱을 끼게 하여 놀라고 만다.

일행들 코끝에 송골송골 맺힌 땀방울도 섬에서 보니 아름답다. 다소곳하게 머리를 숙인 채, 다시는 육지로 돌아가고 싶지 않은 섬이다. 증도의 해변은 그윽한 눈매와 표정이 있다. 증도가 배시시 웃으면 고른 이가 하얗게 드러날 여인의 고운 얼굴 같은 섬이다.

나이 차가 있는 회원들이었지만, 글을 쓰는 한 방향을 바라보고 사는 우리들이기에 이런 여행이라면 일 년에 두어 차례 떠나고 싶다. 모든 회원들의 얼굴은 꽃구름처럼 밝아지며 생기가 넘쳐 흘렀다. 그동안 모든 근심걱정 다 내려놓아도 될 것 같은 섬이었기에 하늘에서 내리는 비도 개고 햇빛이 찬란하게 빛났다. 생각 같아선 며칠 이곳에 머물고 싶은, 그래서 불타는 저녁놀을 보고 하얀 건반 위를 달리는 요정이 되고 싶은 환상의 섬이었다.

# 하얀 목련이 필 때면

사람들이 비닐하우스 안에서 온도와 습도를 맞춰가며 만들어 낸 인조의 봄이 아닌 자연의 봄을 만났다.

아침마다 그 집 앞을 지나면서 몰래 그 집을 엿보기 한다.

며칠 전 우연히 그 집의 목련나무를 봤다.

하얀 싹이 줄기에 점을 콕콕 찍고 있었다.

봄이 오나보다.

어제 다시 목련나무를 봤다.

하얀 구슬이 매달려 있다.

꽃이 피려나 보다.

방금 그 집 앞의 나무를 봤다.

하얀 목련 꽃이 주먹만하게 솟아올랐다.

내일이면 탐스러운 얼굴이 몇 개 더 나올 것 같다.

낭랑한 목소리로 울려 퍼지는 "양희은"의 "하얀 목련"이 흘러 나왔다. 혼자서 흥얼거리다 보니 나의 눈가에 이슬이 고였다.

가정폭력 피해자로 입소한 사람이 생각났다.

그녀는 무척 아름다웠다. 마치 화사한 봄볕에 핀 하얀 목련꽃을 닮았다. 마주 앉아 상담할 때에 미리 준비한 손수건이 없어 땅에 떨어진 목련 꽃잎으로 눈물을 이리저리 훔치던 그녀가 생각나기에 봄이 오면 가슴이 아려온다.

유아기를 거쳐 청소년기에 이르기까지 우리 여성들은 자녀들을 정말 잘 키워야 한다.

무심코 지나친 사건 하나 하나가 사회를 병들게 하기 때문이다. "자식을 사랑하는 부모는 매를 아끼시 않는다. 만년에 그 자식은 기쁨이 될 것이다. 자식을 엄격히 키우는 사람은 덕을 볼 것이며 친지들 사이에서 그 자식이 자랑거리가 될 것이다……. 길들이지 않은 말은 사나워지고 제멋대로 자란 자식은 방자해진다……. 자식과 함께 웃다가는 같이 슬퍼하게 되고 마침내는 통곡하게 된다."(집회서 30,1-13 참조)는 문구가 있다.

그 여인의 가해자, 남편의 어린 시절을 되돌아보니 아주 심한 얼룩이 그려져 있었다. 아이들 앞에서 부부싸움하면서 아버지는 어머니에게 폭언을 일삼고 물건을 집어던지고 술만 마시면 밤새 잠 못 자게 하고 술주정으로 금세 집안을 전쟁터로 만들어버리는 금수같은 짓을 했다고 한다. 이걸 보고 자란 아들이 무엇을 배웠겠는가?

우리 모두는 덜 익고 덜 여물었기에 항상 아쉬움이 남는다.

그녀에게 목련꽃 그늘 아래 앉아 이런 이야기를 했다.

부부의 사랑이란 소유하려 드는 것은 사랑이 아니다. 완벽한 인간도 사랑이 아니며 모두 욕심일 뿐이다. 사랑이란 내가 슬프고 고통스러워도 사랑하는 사람의 기쁨이라면 기꺼이 그 길을 선택하는 것이다. 다소 그 길이 험하고 가시밭길이라도 그 길을 바꾸려 하면 안된다. 우리가 가야 할 길은 오직 그 길. 서로를 사랑하는 길 뿐이다.

가해자인 남편의 참여와 부부상담을 통하여 부부생활은 원만하게 해결되어 가고 있었다.

살다보면 항상 좋은 날만 있을 수는 없다. 맑은 날이 있다면 흐리고 바람 불고 눈비 오는 날도 있다. 어둠이 짙을수록 빛의 존재를 알듯이 우리 서로는 끊임없는 노력을 하며 살아야 한다. 눈부시도록 아름다운 사월. 가슴을 닫고 사는 부부들 가슴을 열고 아름다운 목련을 담아보길……

# 삶은 연습이 아니기에

세상사의 묘미란 한참 절정이다 싶으면 이미 기울어지고 있음을 알린다.

팔월의 마지막 태양은 머리 위에서 이글거리고 있었다. 위봉폭포를 바라보며 모시옷 차림에 아홉 선녀들이 앉아 더위를 식힌 기억이 엊그제인데 그날 밤 나를 찾아온 그녀의 눈엔 닭똥 같은 눈물이 주르르 흘러내렸다.

날이 새면 요양원으로 떠나 언제 올지도 모른다는 그녀의 속이 수세미 속보다 더 얽히고 설키어 정신없을 텐데, 냇가에서 건져 올린 은빛 나는 송사리, 피라미, 버들치들을 여러 번 포장하여 어둠 속에서 내게 내밀었다.

피 한 방울 섞이지 아니한 그녀는 나의 눈에 좋다는 것은 다해 주려고 한다.

그날 밤 그녀의 손을 잡고 소리 내어 울지도 못하고 한참을 마주 보며 눈물만 흘렸다. 그녀는 아픈 사람을 위해 같이 요양원에 들어가면서 마지막 정을 나누기 위해 왔으나 갑작스런 그녀의 방문에 준비하지 못한 나는 여린 호박잎을 그녀에게 건넸다. "이거 싸먹을 시간도 없을 텐데……" 아마도 그녀는 태양이 솟아오기 전 출발하기에 호박잎을 먹지 못하고 떠날게 분명하다. 눈물 닦을 보드라운 휴지대신 거친 호박잎을 준비하였으니 설움이 몰아치면 눈물도 닦지 못하고 냉장고 안에서 시든 모습으로 돌아올 그녀를 영영 기다릴지도 모른다.

그녀는 칠순을 바라보면서도 볼이 복사꽃처럼 발그스레한 분이다. 여름이면 언제나 정갈한 모시옷 차림의 그녀를 난 잊을 수가 없다. 그녀를 생각하며 모시옷 이야기를 하고 싶다. 평소 모시옷을 즐겨 입는 나는 내가 시원하기 보다는 남으로 하여금 시원함을 느끼도록 하기 위해 입는 날도 가끔 있다. 모시옷을 입으면 걸음걸이, 말씨, 그 밖의 작은 언행도 함부로 하지 못하고 자세가 바르고, 우아한 모습이 좋아 즐겨 입는다. 모시는 청초하며 섬세하고 톱톱하여 무척 깔깔해서 좋다. 모시옷은 풀이 약하거나 구김살이 있어서는 아니 된다. 모시옷에 풀을 먹이는 날은 좋은 쌀을 충분히 불려 곱게 갈아 연한 불에 풀을 쑤어 집안을 깨끗이 청소하고 머리와 손도 정갈하게 한 다음 풀을 적당히 먹이기 시작한다. 모시옷이 말라가면 수시로 손으로 매만져 보고 올 따라 곱게 접어 갠다. 그리고 하얀 포를 깔고 밟기 시작한다. 이쪽

저쪽 번갈아 뒤집어 밟아서 엷은 한 권의 시집처럼 얇게 모양이 만들어지면 다시 통풍을 한다. 적당히 마르면 다리미로 한 올 한 올 올을 세우기 시작한다. 잠자리 날개처럼 얇고 투명하게 올을 세워 놓으면 바라만 봐도 좋다. 여성의 미는 생생한 생명력이다. 눈매가 시원하고 나지막한 목소리. 그리고 나이보다 젊게 사는 여성, 그리고 한여름에 정갈하게 차려입은 모시옷이 풍기는 그런 싱싱함이 묻어나는 여성들이 참으로 아름답다. 여름은 아쉬움을 다하지 못했는지 갈까말까를 망설이는 햇살이 가득한 오후. 무더운 여름밤을 고실하게 침실을 지켰던 삼베이불의 풀기를 빼고 하얀 고무신을 빡빡 문질러 닦다보니 또 다시 그녀 생각에 마음이 무거워지기 시작한다.

여인 삼종지도라 하여 "어려서는 아비의 뜻을 따르고, 시집가면 지아비에게 순종하며, 지아비가 죽은 다음에는 아들의 뜻을 따라 살아가라" 고 했거늘, 신 삼종지도가 날아다니고 있다.

"어려서는 아비와 어미의 뜻을 함께 따르고 시집가면 지아비를 가르쳐서 평등한 가정을 만들며 지아비가 죽으면 아들에 연연하지 말고 나의 길을 가야한다" 그런데 그녀는 지금 어느 삼종지도를 따르고 있는지…….

노란 수세미의 꽃이 곱게 얼굴을 내밀고 길게 매달린 수세미는 가을을 재촉한다. 삶은 연습일 수 없기에 미처 추스르지 못했던 애틋함이 헛기침을 한다.

저녁별이 눈물을 흘리는 밤, 그녀는 나에게 사랑의 향수를 뿌려놓고 갔다.

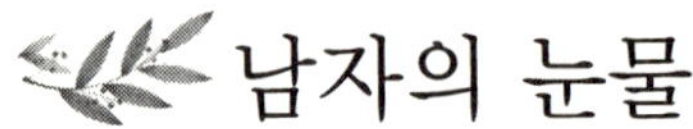

# 남자의 눈물

비닐하우스의 봄이 아니다. 죽은 듯 얼어붙었던 나뭇가지마다 연약한 새싹들이 겨울바람의 허리를 붙잡고 봄을 향해 달려오고 있다.

봄이 오면 자식 걱정하는 부모들은 빈 하늘만 바라보며 한숨을 짓는다. 어떻게 하면 자식농사 잘할 수 있을까 하고?

내가 어릴 적 곡물을 팔아 학비를 내고 시골의 부모들은 고개가 비틀어지도록 이고지고 다니며 오일장에 나가 돈을 만들어 자식들을 가르치셨다. 국밥도 못 드시고 오로지 자식들을 위한 일이라면 허리가 휘어지도록 희생하며 자식만큼은 도시로 내보내려고 안간힘을 썼다.

많은 정성을 들인만큼 아이는 성장한다. 그러나 미국의 심리학자 린다 새퍼딘은 부모의 지나친 보호를 받고 성장한 아이는 "엄마와 아빠가 항상 내 곁에 있어 줄거야" 라고 생각해 부모에게 지나치게 의존한다는 지적이 있다. 그 결과 문제점이 발생하면 좌절하거나 고통스러워 하고 자그마한 일에도 충격을 받게 되며 의기소침해진다고 말한다.

누구라도 자녀교육에 대해 최선을 다한다. 우리 아이들이 중학교 2학년 여름방학 때의 일이었다. 축복을 받은 아이들은 4분차이로 형과 아우로 구분되어져 출생의 기쁨을 안겨준 쌍둥이 형제이다.

고지식한 성품을 지닌 아버지와 엄마는 요즘 학생들이 어떻게 공부하는지 시대의 흐름과는 달리 교과서와 학습지 위주로 교육을 시켜왔다. 학원이나 개인지도를 받아 본 아이들이 아니기에 밖에서 놀 시간이 너무나 많았다.

어느 날 두 아이를 불러 학습지 조사를 시작하였다. 문제지의 반은 풀지 않고 그냥 넘어 갔으며 각 과목의 학습지가 제대로 정리되지 않았다.

공부보다는 운동에 관심이 많은 아이들에게 불호령이 떨어졌다. 아버지는 회초리를 들었으며 잠든 아들의 종아리에 호랑이약을 발라 주었다.

모조리 끝마칠 수 있는 날을 서로 협상하였다. 그리고 문제지를 다 풀면 연락하라고 호출기 하나만 들고 아버지는 가출을 하였다.

집나간 아버지를 빨리 돌아오게 할 욕심으로 밤 낮 없이 식사와 화장실 가는 시간 외에는 온종일 문제지만 풀게 했다. 어른도 싫증나고 하기 싫은 공부를 아이들의 의지가 아닌 부모의 욕심만으로 강행을 시켰다.

나중에는 너무 힘들어 서로 도와주며 눈물과 땀방울을 분간 못할 만큼의 삼복더위에 웃통을 벗고 엄마와 두 아들은 엎드려 며칠 동안 눈물겨운 채점을 다 끝냈다.

개선장군처럼 소리를 지르며 완성했다 하니 아버지는 새까만 얼굴로 한밤중에 도착하였다.

그동안 아버지는 두 아들의 힘겨운 시간만큼 막노동판에서 노가다 일을 하였다.

무거운 벽돌을 지게에 지어 나르고 삽으로 콘크리트를 치며 새벽 6시에서 해넘이 6시까지 인부들과 어울려 자기 신분을 속이고 막노동을 했다고 한다. 만약 신분을 밝히면 몰아낼까 봐 끝나는 날까시 입을 열지 않은 아버지.

고생한 아버지를 얼싸안고 두 아들과 엄마는 한없이 울었다. 팔을 감싸고 있는 순간도 강한 열에 익어버린 피부가 후끈거림으로 전달되었다. 깜둥이가 되어 돌아온 아버지. 어깨와 등은 화상을 입고 구리빛으로 그을린 모습은 아프리카 흑인이라고 해야 설명이 완벽할 것 같다.

창고 안에서 숙식을 하며 엿새 동안 벌어온 이십사 만원. 아버지도 땡볕에서 막노동은 세상 태어나 처음 있는 일이다. 빗물처럼 흐르는 땀방울과 교환한 것이다. 자녀가 어려운 길을 갈 때 반드시 부모도 동행해야 한다. 부모 노릇을 제대로 하려면 어떻게 해야 할 것인지. 아이를 둔 부모가 어떻게 하면 아이를 잘 키울 것인가 참으로 고민을 많이 했었다. 아이들과 한여름의 전쟁을 치룬 후 자아형성과 어떻게 살아야 한다는 걸 인식하게 되어 참으로 다행이었다.

회초리 덕분에 S대에 합격하고, 장교 생활을 마치고 대기업에 취업했으며, 변리사의 직함을 받게 된 것이다.

부모는 아이들의 거울이 되어야 한다. 자녀는 부모가 믿는 만큼 가져다준다. 새 학기를 맞이하여 모두가 들 뜬 이때 부모가 솔선수범하여 자녀들의 본보기가 되었으면 한다.

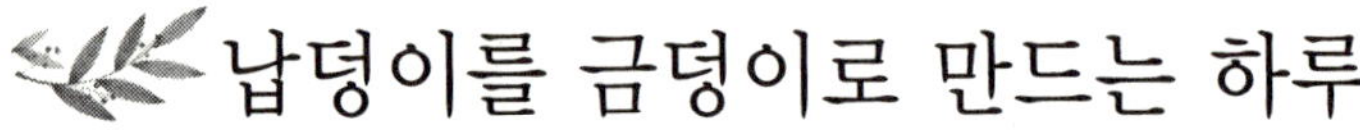

# 납덩이를 금덩이로 만드는 하루

찬바람이 휙 지나가니 노란 은행잎들이 마치 나비처럼 공중을 비행하였다. 찬 서리가 내려 고춧잎과 호박잎들은 모두가 폭삭 주저앉았다.

집 한 쪽 감나무 끝에 까치밥이 남아 외로워 보이면 입동이다.

바야흐로 겨울의 시작이다. 어릴 적 어머니를 뒤따라 다니며 속이 꽉 찬 배추를 얻기 위해 배추의 허리를 묶고, 서리에 약한 무는 뽑아 구덩이를 파고 저장한 기억이 난다.

입동은 천지만물이 양에서 음으로 변하는 시기이다. 이제 길고 고통스러운 겨울의 시작이다. 문풍지가 떨고 토방 위에 내려앉은 햇살이 무척 따스하게 느껴지는 소설이 다가온다.

소설 추위는 빚내서라도 한다고 했듯이 첫얼음과 첫눈이 오니 시래기를 엮어 달고 무말랭이, 곶감 말리기 등 대대적인 월동 준비에 들어가는 모습들을 흔히 볼 수 있다.

주부들은 추워지면 김장이 걱정된다. 버스 안에서도 젓갈 냄새와 김장재료들을 볼 수 있다. 김장하는 날이면 속이 노란 배추를 골라 깨소금을 듬뿍 묻혀 입안에 넣어 주시던 어머니. 유달리 들깨죽이 맛있어 보이던 그 시절. 천지가 잠들고 생명이 얼어붙는 겨울철, 중학교 졸업하고 약간의 공백기에 집안 어른이 외출 하시면 동네 아이들을 불러 밤새 고구마와 경종배추로 만든 동치미를 마시며 밤을 꼬박 새웠던 지난날들이 그립기만 하다.

추수를 끝내고 아무 걱정 없이 놀 수 있는 달이라 하여 '상달' 이라 했고, 일하지 않고 놀고 먹을 수 있어 '공달' 이라 했다. 하지만 우리는 과연 아무 걱정 없이 하루라도 살 수 있단 말인가?

낙엽 밟는 소리가 커질수록 가슴에 구멍이 자꾸 늘어난다. 세상이 마당 안으로 들어왔다 나가는 그런 집에서 아무런 근심 걱정 없이 몸과 마음이 넘나드는 그런 시골생활이 그립다.

마음이 시려온다. 할 일을 못해서일까? 우편함에 수북이 쌓인 각종 납부금 청구서, 그리고 한 해 동안 제대로 살지 못해 멀어진 내 이웃들이 마음에서 떠나지 않아 빈 가슴을 누군가 채워준다면 얼마나 좋을까. 영하로 내려가면 갈수록 그늘진 이웃들은 더욱 더 힘들 텐데 BBK 사건으로 인하여 술렁이는 정치판이 더욱 황량함을 가해준다. 그리고 흰 가운을 입고 평생 환자만 진료할 줄 알았던 의사들이 과감히 청진기를 놓는 경우가 늘고 있다는 소식도 왠지 마음이 아프다.

10년 가까이 공부해서 따낸 의사 면허를 접고 변호사, 의학전문기자 심지어 방송작가로까지 변신하고 있다니 우리나라가 이래도 되는 것인지 울분이 터진다. 우리는 지금 어디로 흘러가고 있는 것일까?

홍시 먹고 입이 벌개지도록 칠한 채로 정겨운 사람들을 쳐다보며 웃어보는 그런 시절이 마냥 그립다. 자꾸만 움츠러드는 11월, 납덩이를 금덩이로 만드는 그런 하루가 되길 바란다.

# 내 안의 너를 어루만지고 싶다

사랑하는 친구야! 이 맑은 가을 하늘을 몽땅 선물하고 싶다. 가을비가 남기고 간 새콤한 공기 내음이 나를 이처럼 기분 좋게 움직이고 싱그럽게 하고 있구나.

가을의 전령이 내 마음 깊숙이 폐부까지 향긋한 향기를 전달하고 있지만 무언가 빠진 듯한 허전함에 멀리 사는 친구의 하늘을 올려다본다.

우리는 가끔씩 자기 상념에 빠져 모든 걸 잊고 살지만 지워도 지워지지 않는 머릿속의 지우개로 남아 내 가슴 속에 깊이 뿌리를 내린 친구야 너는 아는지? 아무도 지나가지 않은 이슬 내린 풀밭 길에 두 발이 다 젖어버린 그 시절 그래도 널 찾아 밤새 헤매던 그날 밤을 기억 하는지, 길거리엔 여인의 옷차림과 음악들이 모두 가을빛이구나. 이맘때가 되면 그리운 이와 한 잔의 차도 마시고 싶고 가곡이 잘 어울리는 가을이기에 창문을 닫고 온종일 가곡에 묻혀 살아도 좋을 요즘이다.

오늘은 내 안의 너를 꺼내어 어루만져 보고 싶다. 친구야

너는 언제나 한 입 베어 문 사과 향처럼 싱그럽고 뽀얀 거품이 이는 나를 설레이게 한 친구였다. 밤새 도란도란 서로를 확인하며 어둠이 걷힐 때까지 나의 이야기를 들어 줄줄 아는 친구라서 지금 황금빛으로 칠해진 들판에 서서 널 기다리고 싶다.

그동안 힘들었던 모든 짐을 다 내려놓고 그저 환하게 웃는 너의 모습만 보고 싶구나.

말로만 듣던 IMF로 인하여 너의 가정이 무너지고 정들었던 집마저 빼앗기는 아픔이 귀밑머리 허연 우리 나이에 너무나 충격이었다. 하지만 아무런 도움도 주지 못하고, 너를 힘들게 만든 이 시대의 공범 같은 죄책감에 얼마나 괴로워했는지 모른다,

친구야. 긴긴 가을밤에 모래네 근처 하숙집에서 중간고사를 치르기 위해 공부하다 지치면 싸늘히 식은 달빛을 바라보며 시를 읊조리던 우리. 그리고 눈가에 치약을 발라가며 공부를 했던 그 시절. 공부하다 허기를 느끼면 하숙집 부뚜막을 맨발로 기어가 햇고구마와 알밤을 먹고 그래도 시장기를 채우지 못하면 하숙집 아기의 분유를 몰래 먹던 그 시절을 기억하는지. 분유가루를 입안에 가득 넣고 서로의 얼굴을 바라보며 참다못해 웃음을 터트린 기억. 그 탓에 요즘 미인은

쇄골에 물이 고일 정도가 되어야 한다는데 난, 물이 넘칠 정도란다.

하숙집에 같이 살면서도 수업시간에는 쪽지를 돌려가며 수업시간 내내 서로의 마음을 전하느라 바빴고 방학하면 각자의 집으로 돌아가 서로 날마다 여덟 장 이상 긴 편지를 쓰던 그 시절, 왜 그리도 할 말이 많았는지 모른다. 아마도 요즘 할 말을 그 때 다 해버려 요즘 우리가 서로 소식이 뜸해졌는지도 모른다.

너의 때 묻지 않은 그 웃음 좀 보여다오.

이 가을 너무나 아름답다. 친구를 생각하며 오늘밤 타이스의 명상곡을 듣고 싶다.

네가 자란 이곳은 가을이 곱게 물들고 있단다. 가을의 발목을 잡고 싶도록 아름답다.

우리 이제 마음을 비워야 할 시간이 왔나보다. 낡은 시골버스를 타고 가노라면 나뭇가지가 축 늘어진 주홍빛 감이 산골마을을 아름답게 꾸며주고 있더구나. 세상의 모든 것들은 모두 크고 작은 열매를 맺고 있는데 우리 인간은 어떤 열매를 맺어가고 있는지. 밤이슬로 옷이 눅눅해지도록 달빛을 바라보며 너에게 속삭여 보고 싶다.

너는 너무나 맑아 달빛냄새가 난다. 우리가 살날이 얼마나 남았을까? 세월이 가져다 준 선물로 우린 머리가 벌서 허옇게 되어가고 목주름과 손등에 잔주름이 가득하구나.

친구야 이 아름다운 가을 밤 강가에 앉아 마른 풀씨를 뽑으면서 아무런 말이 없어도 좋으니 우리 그냥 앉아있기만 할까?

결혼 전 우리가 떠났던 그런 여행처럼 말이다. 나는 너에게 건넬 한 권의 책과 찻잔이 두개 놓여진 자그마한 찻집을 찾아 오늘도 무작정 거닐어본다.

## 희망을 띄우며

파란 하늘에 흰 구름과 마음으로 그리는 수채화는 얼마나 아름다울까? 이 산 저 산 몰고 다니는 구름은 얼마나 힘들었을까. 아무런 희망도 없이 살아온 젊은 영혼을 위해 고개 저으며 돌아서는 바람을 잡고 싶다.

눈물 없이 우는 사람들의 마음을 달래주기 위해 달빛 고요한 강가에 맥문동 활짝 핀 보랏빛 길과, 파란 달개비 꽃 핀 희망의 길을 달려보자. 검정 아스팔트길을 피해 부드러운 어머니의 젖가슴처럼 보드라운 들길 흙냄새를 맡으며 걸어보자. 희망의 길을 걷다가 감미롭던 어릴 적 추억 몇 개를 줍고 싶지 않은가?

삶에 지치고 힘겨워 하는 이들에겐 따뜻한 말 한 마디가 가장 큰 위로이며 희망이다. 마음을 다치지 않도록 조심조심 가만히 가슴 위를 밟고 지나야 한다.

리허설이 없는 인생이기에 우리의 삶은 눈치없이 흔들거린다.

강한 시련이 있고 파도가 심한 인생일수록 행복의 선물을 차지하게 된다.

캄캄한 동굴 속에는 햇빛이 없다. 하지만 숨이 막힌 동굴을 빠져나가고 싶은 희망은 우리 모두에게 있다. 삶에서 어려움을 겪을 때마다 빠져 나오려고 몸부림쳐 보지만 그럴수록 옥죄는 삶의 무게. 그러나 자포자기는 금물이다. 빛과 하나 되는 승리자가 되어야 한다.

하나 뿐인 소중한 삶의 주인공은 바로 이 글을 읽는 바로 당신이다.

# 긴 머리 소녀

집에서 앞머리를 잘랐다. 머리가 어수선하면 정신이 없다. 가위질도 못하는 내가 머리를 잘라 놓고 얼마나 후회를 했는지 모른다. 다른 것은 헐렁한 편인데 머리가 정갈하지 않으면 남 앞에 나서기가 어려울 정도로 머리 부분에 무척 예민한 편이다. 커트와 파마 그리고 샴푸 값을 계산한다면 나의 품위 유지비에서 상당한 비중을 차지하는 비용이다.

학교를 졸업하고 찰랑찰랑 제법 멋스럽게 긴 생머리를 하고 다녔다. 크리스마스 이브였다. 일 년에 단 한번 밖에 없는 밤의 외출을 허락 받고 소위 말하는 소개팅을 했다. 화장기 없는 생 얼굴로 긴 머리를 휘날리며 빨간 벨벳원피스와 다리에 꽉 끼는 롱부츠를 신고 그 자리에 나갔다. 친구 자취집에서 만나 우리는 조촐한 파티를 즐기고 있는데 누군가 말없이 바라보는 눈길이 예사롭지 않았다. 하필 그와 헤어진 여자친구를 너무나 많이 닮았다며 혹시 쌍둥이자매가 아니냐고 물었다. 깊게 들어가지도 않은 보조개가 너무 심장을 뛰게 한다고 솔직히 고백하였고 내 머리결이 너무나 아름답다고 칭찬을 해주는데 그게 마음에 걸려 집에 돌아와 그 머리를 잘라버렸다. 그 남자가 그렇게 말하면 난 어떻게 되는 줄 알고 겁이 나고 무섭고 가슴이 떨려 다시는 그런 자리에 가지 않겠다고 다짐을 했던 지고지순한 시절. 머리를 짧게 자르고 얼마나 후회를 했던지. 그가 던진 몇 마디를 굳이 해석하고 싶지 않았다. 또 해석이 가능한 말일지라도 굳이 의미를 둘 필요성을 느끼지 않았고 나이에 비해 이성의 눈이 아직 떠지지 않아 달콤하게 쏟아낸 언어의 유희를 감당할 수가 없었다. 그래서 그날의 모든 만남을 불빛 없는 어둠 속으로 모두 비워내고 싶었다.

그 후 친구들과 송도해수욕장에 갔다. 칠공주의 집에서 여섯째 딸로 태어난 나는 피부도 얼굴도 아름다운 축에 들어가지 못했다. 그러나 앞모습과는 달리 뒷모습만큼은 아주 멋진 긴 머리소녀였다. 치타를 닮은 엉덩이와 긴 다리로 처음이자 마지막으로 멋진 물놀이를 즐겼다. 친구들은 일찍 결혼하여 아이도 있었고 한 친구는 임신 8개월 된 몸으로 해수욕을 즐겼으니 그 모습은 상상만 해도 재미있었다. 나는 겁이 많아 물을 싫어했고 싫어하는 그 모습을 즐기려고 친구들이 날 들어 바다에 던지며 말했다. 목소리도 크지 않고 항상 여성스러운 네가 얄미워 물속에서 망가지는 모습을 보고 싶다고. 나는 내 의지와 상관없이 깊은 물속으로 들어갔다. 정신을 차리지 못할 지경에 이르자 모든 걸 포기했다. 하지만 나의 은밀한 곳까지 그들과 공유하고 싶지 않아 얼마나 허우적거리며 몸부림을 쳤던지 다음날은 온몸의 근육이 당겨 하루내내 앓고 말았다. 그런데 머리를 아무리 감아도 이전의 머리결이 아니었다. 미장원에 갔는데 바닷물에 완전히 상했다며 뿌리만 남겨두고 다 잘라 버려야 재생할 수 있다고 하였다.

긴 머리 자르던 가위를 나는 잡았다. 내 청춘도 잘려나가는 기분이었다. 수북이 쌓여있는 바닥의 까만 머리카락을 보니 울컥 눈물이 쏟아졌다. 소중한 머리가 잘려나간 이후 삼십 년이 지났지만 지금까지 긴 머리를 해보지 못했다.

평소 한복을 좋아한다. 한복에 어울리는 머리를 하고 싶었지만, 올린 머리를 해본 적이 없다. 그날 이후 아들 결혼하는 날에도 짧은 머리로 한복을 입었다.

곱게 빗질한 머리를 가진 여성한테 호감이 간다. 그리고 하얀 목덜미가 나온 올린 머리를 보면 남자가 아닌데도 불구하고 성적 매력을 느낀다.

만약 나에게 처녀 시절로 다시 돌아갈 수 있다면 보랏빛 보석들이 촘촘히 박혀있는 아주 화려하면서도 여성스러운 드레스를 입고 머리 장식 역시 장미꽃을 군데군데 장식하여 사랑스럽고 요염한 여성스러움을 극대화 시키는 아름다운 여인이고 싶다.

짧게 자른 앞머리가 아직도 어설프게 느껴지기에 가당치도 않은 젊은 시절로 돌아가 한낮의 꿈에서 허우적거리며 전율의 무대에 내가 서 본다.

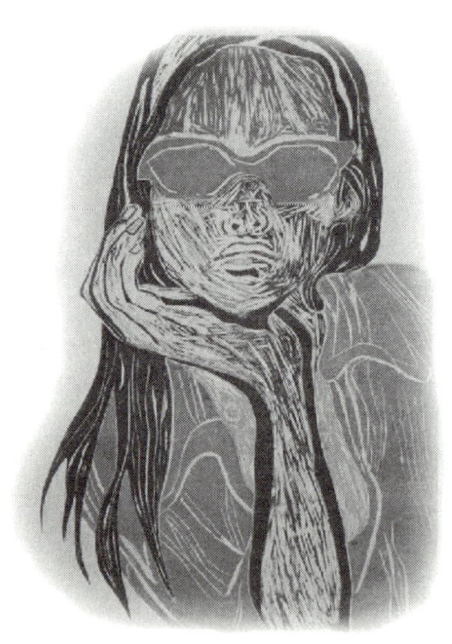

## 집착과 포기

가을 공기가 맑고 신선하다. 한참을 올려다 본 가을 하늘은 너무나 눈이 부셨다. 여름 태양보다 더욱 더 강렬한 태양 아래 빨간 고추는 알몸으로 마당에서 익어간다. 이런 날이면 태양보다도 더 뜨거운 사랑을 하고 싶어진다.

며칠 전 손전화를 새롭게 구입했다. 그리고 손전화에 이름을 붙여줬다. '집착과 포기' 라고. 우리들을 어지럽히는 마음의 병은 대부분 집착에서 오기 때문에 그 집착을 버리며 살자는 나름대로의 생각에서였다. 집착을 버리고 자유롭게 살고 싶었다.

그리고 나의 유년시절을 떠올렸다. 학교운동장은 어린 발로 걷기엔 너무나 넓은 운동장이었다. 울타리도 높았고 운동장 저 편에 있는 연못도 무척 넓었다.

오월이면 아카시아 꽃을 한 움큼 따서 볼이 미어져라 먹다가 꽃 속에 있던 벌까지 삼킨 적도 있었다. 볼이 부어올라 눈

알사탕을 혼자 먹는 것으로 오해를 받지 않았던가.

목화송이가 하얗게 피기 시작하면 우리는 절로 신이 났다. 여린 봉오리를 따 먹으면 달작지근한 물이 나온다. 하교길의 유일한 주전부리 감이었다. 어느 날 책보를 허리에 질끈 동여매고, 목화밭을 살금살금 기어가고 있었다. 주인은 숨어 있다가 우리를 발견하고 겁을 주기 시작했다. 목화밭에 오면 팔뚝을 비틀어 버린다고 말하면서 한아이의 팔뚝을 걷어 보이며 이렇게 비틀어지니 알아서 하라고 하였다. 그 후부터 팔뚝이 비틀어진 사람을 보면 모두가 목화밭에 간 사람들인 줄만 알았다.

문명이 주는 소음 대신 풀벌레 소리를 들으면서 공부하던 그 시절, 6년 동안 손때 묻은 책상과 걸상을 남겨두고, 친구들과 헤어지며 다시 만날 것을 깨끼 손가락 걸며 약속했던 그 친구들……

아련한 기억 저 편에서 집착에 물들지 않은 그리운 친구들의 모습이 떠오른다. 열세 살의 아이들은 유난히 키기 작았다. 맛있는 간식 대신 솔가지를 비틀어 허기진 배를 채우고, 가을 밤 이슬이 내린 무밭에 들어가 남학생들이 뽑아 던져주는 무맛이 얼마나 달고 맛이 있었는지. 요즘은 무를 먹어 봐도 그 맛이 아니다.

세월은 누가 시키지 않아도 잘도 간다. 검정 고무신에 소청으로 만든 책보자기를 엇갈려 묶고 다니던 남학생들이 검사가 되고, 선생님이 되었으며 중견 간부로 일하는 그들 머리에도 이젠 모두 하얀 서리가 내렸다. 앞만 보고 바삐 살아온 우리가 아니었던가? 어린 나이에 참이나 예뻐 보이던 란, 옥, 금, 례……. 단짝 친구들

그런데 지난여름 눈이 큰 아이가 저 세상으로 가버렸다. 아무런 말 한마디 없이 어머니 뱃속에서 알몸으로 태어나 그는 알몸으로 다시 돌아갔다. 친구가 떠난 이후 온 세상은 열을 받아 너무나 뜨거웠다. 아니 불이 붙은 듯 이글이글 타올랐다.

친구를 보내고 나서 "포기" 라는 걸 배웠다. 사랑하는 것에 집착하면서 서로 서로 사랑하며 살아야 했던 우리들이 사랑 아닌 다른 일에 너무 집착을 하며 지내 온 게 아닐까? 우리의 의지대로 살 수 없는 삶 앞에서 바동거리는 모습이 측은해 보인다. 친구들아 집착하지 말자, 그리고 가질 수 없고 이룰 수 없는 것에 너무 연연하는 고통보다 포기하는 미덕도 배우자. 손전화에서 오늘도 집착하지 말고 빨리 포기하라고 깜박거린다.

# 세상의 변화

누군가 나한테 야생화 같다고 하였다.

장미를 닮았다고 했더라면 우아한 집에서 식사라도 대접할 일인데 하필 야생화라고 하였을까? 산 까마귀 염불하듯 강한 모습으로 살다보니 붙여진 이름 같다.

비 오는 날, 장사익의 음악을 크게 올려 놓고 빗속을 뚫고 달린 곳이 바로 개망초 밭이었다. 들이나 길가에 아무렇게 피어 다른 식물이 자라나지 못 할만큼 눈치코치 없이 번성하는 들꽃이다.

황톳길에 장맛비가 내리면 깊이 패인 자리마다 하얀 그리움을 꽃으로 피웠으니 하얗게 몽골몽골 피어올린 개망초를 보는 순간 풀도 아니고 꽃도 아니면서 지나는 이들의 가슴을 일렁이게 했던 하얀 눈꽃이어서 좋았다.

온상에서 자란 화초보다 야생화의 꽃 향이 더 진하듯이 사람들도 과보호를 받으며 식물처럼 자란 사람보다 적당한 고

생을 하고 삶의 질곡이 있는 사람이 더 향기로워 좋다.

그런데 요즘 야생버라이어티라는 문구로 시청자의 관심을 사로잡는 '1박 2일', 직접 농촌에서 체험을 하는 '청춘불패'와 같은 프로그램이 인기를 끌고 있다.

회사면접도 이러한 야생성을 파악하기는 어렵겠지만, 이를 몇몇 회사가 하고 있으며, 최근에 있었던 어느 유일한 회사에서 입사 후 근무 적합성을 평가하기 위해 야외면접을 실시한다고 했다.

살얼음 위를 걷는 그런 고조된 기분으로 긴장되고 답답했던 실내면접에서 벗어나 도심의 숲속마을에서 자연스런 분위기 속에 조별, 개인별 활동을 통해 등산, 축구, 오래달리기, 사우나, 텐트 설치, 술자리 등이 예비 회사원들의 직무능력, 인성, 적성 등을 파악한다는 것이다.

세상은 달라져도 너무나 달라졌다. 단조로운 휴게실도 없는 병원에서 진료를 기다리던 시대는 이미 지났다. 다양한 전시회와 공연, 바자회 등을 개최하여 작은 음악회를 열어 병원생활에 지친 환자와 보호자들에게 많은 편의를 제공하는 점에서는 아주 만족할 일이다.

암환자들과 가족을 위한 일일 강좌 일정을 보고 깜짝 놀랐다. 요일별로 발마사지교실이 열려 있고, 미술치료, 춤 테라피, 연극으로 만나는 행복한 세상, 정서 안정을 위한 아로마

테라피, 환자와 가족의 의사소통이 눈길을 끌었다.

이렇게 변화하는 세상에 나 혼자만 주저앉아 있다면 어떻게 되겠는가?

노인들의 변화, 학부모의 변화, 근로자들의 변화, 정치인들의 변화가 시급하다.

계절은 왔다 가는데 왜 사람의 마음은 변하지 못할까. 급변하는 조류에 합승한 세상 밖의 낙엽은 점점 취한 얼굴이다.

내 안에 숨겨진 바다

1판 1쇄 인쇄 | 2011. 11. 11
지은이 | 안 영
발행인 | 박남권
발행처 | 한국문학예술
등록번호 | 서울 바 03272 (2002. 9. 18)
주소 | 서울시 중구 충무로 4가 127-6
TEL | 02-777-5522
카페 | http://cafe.daum.net/KLA7
E-mail | kla7@hanmail.net

값 12,000원

ISBN 978-89-965517-8-2



• 이 책은 제작비 일부를 전북도청의 지원금을 받아 제작하였습니다.